PEDAGOGIA DA INFÂNCIA: COTIDIANO E PRÁTICAS EDUCATIVAS

```
✦ CENGAGE
```
Austrália • Brasil • México • Cingapura • Reino Unido • Estados Unidos

Pedagogia da infância: cotidiano e práticas educativas

Autora: Tania Maria de Almeida Buchwitz

Gerente editorial: Noelma Brocanelli

Editoras de desenvolvimento: Gisela Carnicelli, Regina Plascak e Salete Guerra

Coordenadora e editora de aquisições: Guacira Simonelli

Produção editorial: Fernanda Troeira Zuchini

Copidesque: Sirlene M. Sales

Revisão: Mayra Clara Albuquerque e Vania Ricarte Lucas

Diagramação: Alfredo Carracedo Castillo

Capa: Estúdio Aventura

Imagens usadas neste livro por ordem de páginas:

Evgeny Atamanenko/Shutterstock; KPG Payless2/Shutterstock; KPG Ivary/Shutterstock; Moriz/Shutterstock; Anthonycz/Shutterstock; Pressmaster/Shutterstock; gualtiero boffi/Shutterstock; K. Geijer/Shutterstock; Sergey Novikov/Shutterstock; Arthimedes/Shutterstock; Rawpixel/Shutterstock; wavebreakmedia/Shutterstock; Prometheus72/Shutterstock; Halfpoint/Shutterstock; Dragon Images/Shutterstock; Marko Poplasen/Shutterstock; Neo Edmund/Shutterstock; Olesya Feketa/Shutterstock; Poznyakov/Shutterstock; Christos Georghiou/Shutterstock; Pavel L Photo and Video/Shutterstock; Inara Prusakova/Shutterstock; Sergey Nivens/Shutterstock; CroMary/Shutterstock; RazoomGame/ Shutterstock; Pavel L Photo and Video/Shutterstock; wizdata1/Shutterstock; wizdata1/Shutterstock; Motimo/Shutterstock; Monkey Business Images/Shutterstock; Tomacco/Shutterstock; Artisticco/Shutterstock; Sergey Novikov/Shutterstock; graphic-line/Shutterstock; Oleg Krugliak/Shutterstock; Vorobyeva/Shutterstock; matka_Wariatka/Shutterstock; amelaxa/Shutterstock; Angela Waye/Shutterstock; sir.Enity/Shutterstock

Impresso no Brasil
Printed in Brazil

© 2016 Cengage Learning Edições Ltda.

Todos os direitos reservados. Nenhuma parte deste livro poderá ser reproduzida, sejam quais forem os meios empregados, sem a permissão por escrito da Editora. Aos infratores aplicam-se as sanções previstas nos artigos 102, 104, 106, 107 da Lei nº 9.610, de 19 de fevereiro de 1998.

Esta editora empenhou-se em contatar os responsáveis pelos direitos autorais de todas as imagens e de outros materiais utilizados neste livro. Se porventura for constatada a omissão involuntária na identificação de algum deles, dispomo-nos a efetuar, futuramente, os possíveis acertos.

Esta editora não se responsabiliza pelo funcionamento dos links contidos neste livro que possam estar suspensos.

Para permissão de uso de material desta obra, envie seu pedido para
direitosautorais@cengage.com

© 2016 Cengage Learning Edições Ltda.
Todos os direitos reservados.

ISBN 13: 978-85-221-2882-2
ISBN 10: 85-221-2882-0

Cengage Learning Edições Ltda.
Condomínio E-Business Park
Rua Werner Siemens, 111 - Prédio 11
Torre A - Conjunto 12
Lapa de Baixo - CEP 05069-900 - São Paulo - SP
Tel.: (11) 3665-9900   Fax: 3665-9901
SAC: 0800 11 19 39

Para suas soluções de curso e aprendizado, visite
www.cengage.com.br

PEDAGOGIA DA INFÂNCIA: COTIDIANO E PRÁTICAS EDUCATIVAS

Dados Internacionais de Catalogação na Publicação (CIP)

B921p Buchwitz, Tania Maria de Almeida.
           Pedagogia da infância : cotidiano e práticas educativas/
       Tania Maria de Almeida Buchwitz. – São Paulo, SP :
       Cengage, 2016.

           Inclui bibliografia.
           ISBN 13 978-85-221-2882-2

           1. Educação infantil. 2. Professores – Formação.
       3. Práticas de ensino. 4. Crianças – Desenvolvimento.
       5. Autonomia escolar. I. Título.

                                                        CDU 373.3
                                                        CDD 372.24

Índice para catálogo sistemático:

1. Educação infantil   373.3

(Bibliotecária responsável: Sabrina Leal Araujo – CRB 10/1507)

Apresentação

Com o objetivo de atender às expectativas dos estudantes e leitores que veem o estudo como fonte inesgotável de conhecimento, esta **Série Educação** traz um conteúdo didático eficaz e de qualidade, dentro de uma roupagem criativa e arrojada, direcionado aos anseios de quem busca informação e conhecimento com o dinamismo dos dias atuais.

Em cada título da série, é possível encontrar a abordagem de temas de forma abrangente, associada a uma leitura agradável e organizada, visando facilitar o aprendizado e a memorização de cada assunto. A linguagem dialógica aproxima o estudante dos temas explorados, promovendo a interação com os assuntos tratados.

As obras são estruturadas em quatro unidades, divididas em capítulos, e neles o leitor terá acesso a recursos de aprendizagem como os tópicos *Atenção*, que o alertará sobre a importância do assunto abordado, e o *Para saber mais*, com dicas interessantíssimas de leitura complementar e curiosidades incríveis, que aprofundarão os temas abordados, além de recursos ilustrativos, que permitirão a associação de cada ponto a ser estudado.

Esperamos que você encontre nesta série a materialização de um desejo: o alcance do conhecimento de maneira objetiva, agradável, didática e eficaz.

Boa leitura!

Prefácio

O termo pedagogia imbui, em seu contexto, uma importância ímpar.

Os dicionários ensinam que esta palavra é sinônimo de educação, aprendizagem e ensino. A sua prática, no entanto, carrega uma relevância ainda maior, se atrelarmos o referido vocábulo ao cenário infantil.

Assim, a Pedagogia Infantil assimila o desenvolvimento do indivíduo na sua idade mínima, transferindo a este as bases principais da educação.

Essa tarefa é de responsabilidade do mestre, dos pais, dos familiares e da sociedade, que necessita informar àquele ser as diretrizes imprescindíveis para que este alcance autonomia de forma adequada e possa, finalmente, integrar-se à sociedade.

Não existe um manual preciso que diga como professores, pais e familiares devem transmitir esse conhecimento, bem como as bases sólidas de uma boa experiência. Contudo, é possível indicar, por meio de alicerces essenciais, qual direção há de se focar para o melhor aprendizado daquele que se pretende orientar.

No material destinado à Pedagogia Infantil, o leitor encontrará uma discussão ampla sobre o assunto. Na Unidade 1, são debatidas as práticas da pedagogia educativa no cotidiano do seio familiar e escolar, o acolhimento da criança na escola, além de trazer a importante questão sobre o papel do professor nessa fase.

Já a Unidade 2 traz em seu bojo as principais ações na arte da educação, além de tratar sobre a legislação brasileira atual e a atuação mediadora do professor na educação infantil.

A Unidade 3 vai tratar do desenvolvimento e da autonomia da criança e, finalmente, na Unidade 4, o leitor encontrará um debate sobre as práticas educativas atualmente adotadas no âmbito da pedagogia infantil.

A importância do tema é um convite ao estudo da questão que é de interesse de toda uma sociedade.

Sendo a base de uma sociedade civilizada, a educação precisa ser tratada em todos os seus níveis, com especial atenção ao desenvolvimento das nossas crianças.

Desejamos um excelente estudo!

A INSTITUIÇÃO INFANTIL E SEUS DIFERENTES ATORES: PAIS, CRIANÇAS E PROFESSORES

Capítulo 1 Pedagogia da infância: cotidiano e práticas educativas, 10

Capítulo 2 Instituição infantil e o trabalho com os pais, 14

Capítulo 3 Acolhimento e adaptação da criança na educação infantil, 18

Capítulo 4 O papel do professor da educação infantil e sua formação, 22

Glossário, 32

1. Pedagogia da infância: cotidiano e práticas educativas

"A educação infantil inaugura a educação da pessoa. Essa educação se dá na família, na comunidade e nas instituições. As instituições de educação infantil vêm se tornando cada vez mais necessárias, como complementares à ação da família, o que já foi afirmado pelo mais importante documento internacional de educação deste século, a Declaração Mundial de Educação para Todos."

(Jomtien, Tailândia, 1990)

Relação da família e a instituição infantil

A família de hoje apresenta uma nova configuração. Ela se expandiu e rompeu com o seu núcleo de origem por conta da agitação do dia a dia e das novas formas de trabalho. Segundo Althoff (1996), na literatura, o termo família encontra-se definido de acordo com a estrutura e as funções de cada sociedade, em determinados períodos históricos. As famílias tidas biológicas deram lugar a configurações em que, muitas vezes, não são ocupadas por pais e mães e, sim, responsáveis que oferecem dedicação, cuidado e afeto, como é o caso de crianças cuidadas por avós ou padrasto ou madrasta.

De acordo com o descrito no **RCNEI** (Referencial Curricular Nacional da Educação Infantil/1998):

> "Além da família nuclear, que é constituída pelo pai, mãe e filhos, proliferam hoje famílias monoparentais, nas quais apenas mãe ou pai está presente. Existem ainda as famílias que se reconstituíram por meio de novos casamentos e possuem filhos advindos dessas relações. Há, também, as famílias extensas, comuns na história brasileira, nas quais convivem, na mesma casa, várias gerações e/ou pessoas ligadas por parentescos diversos. É possível ainda encontrar várias famílias coabitando em uma mesma casa. Enfim, parece não haver limites para arranjos familiares na atualidade." (BRASIL, RCNEI, 1998)

Hoje, existe um desencontro das famílias e isto leva a um repensar sobre essa nova roupagem que, às vezes, é vista como um problema, mas que devemos considerar um alerta que se abre a novas possibilidades de integração e participação. Diante dessa constatação, novos papéis precisam ser definidos ao passarem por uma necessidade de ampliação do diálogo e, também, da sua participação na instituição escolar.

A família, como primeiro lugar de aprendizagem da criança, deve favorecer o convívio e desenvolver os valores humanos que hoje são apresentados não só por laços de sangue, mas, principalmente, através dos laços afetivos. A família que se preocupa com a educação dos seus filhos não pode deixar de considerar suas necessidades físicas, psíquicas e sociais, pois são estas que determinarão o caráter e os critérios de valores que eles levarão por toda sua vida.

Devem, portanto, demonstrar a preocupação em inserir seus filhos em outros ambientes sociais, além do ambiente escolar, como igrejas, clubes e, principalmente, em contato com a cultura local, buscando integrar e mostrar outras formas de costumes além dos muros da escola. Estas ações devem fazer parte da rotina da criança, cuja família possui a consciência e o conhecimento de sua importância como instituição central na construção da educação de seus filhos.

Este direito é assegurado à família através do artigo 4º do **ECA** (Estatuto da Criança e do Adolescente):

> "É dever da família, da comunidade, da sociedade em geral e do poder público assegurar, com absoluta prioridade, a efetivação dos direitos referentes à vida, a saúde, à alimentação, à educação, ao esporte, ao lazer, à profissionalização, à cultura, à dignidade, ao respeito, à liberdade e à convivência familiar e comunitária." (BRASIL, Lei n. 8.069, de 13 de julho de 1990)

Assim, a família, como referência principal para a formação do caráter da criança, é vista como espelho e deve ter, por sua vez, a preocupação com as questões de respeito, amor, pontualidade e organização que muito influencia na formação das atitudes da criança. Deve, ainda, estar atenta às questões dos limites trocados por recompensas, devido ao tempo de ausência em razão de afazeres profissionais, ocasião em que tentam compensar com excesso de **permissividade**.

Para que isso não ocorra, deverão ser criados momentos de trocas pessoais e interpessoais que ajudarão no crescimento social, físico, psicológico e intelectual da criança. Outro fato importante que a família deve considerar está relacionado à instituição onde deixará seu filho, estrutura física, rotina, corpo docente e, principalmente, a proposta pedagógica que deverá atender a legislação existente, desenvolvendo um currículo que atenda as necessidades de cuidar e educar.

Devido às mudanças ocorridas na sociedade com a ida da mulher para o mercado de trabalho e com as já citadas transformações ocorridas na estrutura familiar, os órgãos governamentais viram-se obrigados a criar leis que regulamentam o atendimento às crianças de 0 a 5 anos.

A Constituição Federal de 1988, em seu artigo 208, inciso IV, trouxe à tona a responsabilidade do Estado para a educação das crianças de 0 a 5 anos em creches e pré-escolas, que deverá acontecer de forma não obrigatória e compartilhada com a família. A **LDBEN** (Lei de Diretrizes e Bases da Educação Nacional), oito anos depois, consolidou o que já havia sido determinado pela Constituição: a educação infantil que atende crianças de 0 a 5 anos deve ocorrer em creches, e o atendimento das crianças de 4 e 5 anos deve ocorrer em pré-escolas.

Por sua vez, a instituição escolar precisava conhecer e considerar as mudanças que ocorreram na sociedade, com os novos contornos socioeconômicos, sociais e culturais, tendo conhecimento de que estas mudanças afetariam o desenvolvimento das crianças, e considerando, ainda, que cada uma delas tem seu ritmo próprio de lidar com tais transformações.

A instituição de ensino de 0 a 5 anos precisa estar consciente de sua função de formadora de seres humanos protagonistas de sua história. Para tanto, se faz necessário um resgate ético do reconhecimento familiar, como parceira no processo ensino aprendizagem. Garantir uma aprendizagem contínua e permanente, ampliando o relacionamento com as famílias, criando espaços de partici-

pação no dia a dia escolar, gerando um ambiente mais acolhedor que favoreça o desenvolvimento emocional e intelectual das crianças.

A instituição que deseja ampliar os vínculos com as famílias não pode deixar de considerar os aspectos sociais das mesmas, pois as crianças trazem suas formas de comportamento, como: gestos, vestimentas, palavras que determinam suas identidades.

Quando a escola tem um olhar diferenciado para estas características da criança, pode fazer o chamamento a uma participação que envolva desafios que ajudam na construção do caráter, como cita Zanoni em seu texto "Importância da parceria família-escola no desenvolvimento e aprendizagem das crianças". Entre os compromissos a serem assumidos pela família com a escola, estão:

- manter-se informados sobre o ensino-aprendizagem adquiridos pelos filhos(as);

- colaborar com educadores/as para tornar mais coerente e eficaz a atuação escolar;

- valorizar a escola, os conhecimentos e habilidades que esta propicia para criar nos filhos(as) hábitos de respeito e uma expectativa positiva em relação ao conhecimento adquirido e socializado;

- expressar em palavras e atitudes a confiança que tem em relação à escola e em seus (suas) educadores(as);

- procurar saber o que o filho(a) realizou na escola e como foi seu dia;

- zelar por uma relação de carinho e respeito com os/as educadores/as, pois a opinião da família influi sobre os filhos(as);

- observar os materiais escolares e auxiliar as crianças nas tarefas de casa;

- resolver problemas entre a família e escola;

- reforçar sempre a autoestima e autoconfiança dos filhos(as).

A instituição escolar e a família são responsáveis por introduzir os alunos em um ambiente socializante, em confronto com a realidade da sociedade, voltado para a formação de um cidadão consciente e crítico.

A educação dada pela família vai além da aprendizagem realizada pela escola, pois é uma educação carregada de conteúdos culturais próprios das relações familiares. Para que esse aprendizado seja assimilado pela criança, ela precisa viver em um ambiente acolhedor e saudável.

Neste momento, a escola, por sua vez, usa a educação como aliada da família, aceitando e moldando a cultura e os costumes para uma melhor percepção dos seus direitos e deveres, pois nenhuma das duas instituições sozinha conseguirá dar conta da educação, seja ela cultural ou formal. A família, com a consolidação de valores próprios de sua cultura, e a escola, com sua proposta pedagógica e novas formas de ensinar e formar.

2. Instituição infantil e o trabalho com os pais

Buscando cada vez mais um maior e melhor desempenho, a instituição infantil tem como objetivo efetuar um trabalho de envolvimento dos pais em seu cotidiano, com vistas ao desenvolvimento da criança, com temáticas direcionadas à educação infantil.

Os pais devem se sentir seguros em relação ao trabalho que é desenvolvido pela instituição e, da mesma maneira, saber lidar com demandas como a indisciplina, a violência e a agressividade.

As nossas crianças, inclusive as menores, vivem muito expostas a situações de violência, seja através da mídia, ou até mesmo em sua própria vizinhança. Por sua vez, a escola deve saber lidar com tal situação, criando estratégias que minimizem o efeito dentro do ambiente educacional.

Na educação infantil, ocorre, entre as crianças, desavenças que levam a puxões de cabelo, mordidas e empurrões, ou seja, desavenças que são interpretadas como atos de indisciplina e/ou violência. Neste momento, cabe à escola dispor de táticas pedagógicas e conhecimentos para acalmar as famílias envolvidas.

Ao lidarmos com a violência entre as crianças de 0 a 5 anos, devemos ter em mente que elas não são capazes de dominar suas emoções por não conseguirem avaliar as consequências de seus atos, o que as leva a agirem por impulso.

Ainda existe o fato de que, por não estarem com a linguagem totalmente desenvolvida, são levadas a gestos agressivos que, por sua vez, serão mal interpretados pelos adultos. Também nesta fase, a indisciplina deve ser bem discutida com a família já que as crianças não possuem a questão de regras totalmente desenvolvida.

Um dos maiores estudiosos do comportamento infantil, Jean Piaget, alertava para que a questão da moralidade fosse construída na criança de modo progressivo. Principalmente na fase de 0 a 5 anos, a indisciplina e a violência devem ser tratadas com os pais com muito cuidado, já que as crianças não possuem, em seus atos, o desejo de prejudicar um ao outro.

A noção de certo ou errado se constrói paulatinamente na vida da criança. É muito importante que, nesta fase, a escola trabalhe o convívio entre as crianças e as relações sociais entre professores e pais para que estas estabeleçam relações respeitosas.

PARA SABER MAIS! Sir Jean William Fritz Piaget (Neuchâtel, 9 de agosto de 1896 – Genebra, 16 de setembro de 1980) foi um epistemólogo suíço, considerado um dos mais importantes pensadores do século XX. Defendeu uma abordagem interdisciplinar para a investigação epistemológica e fundou a Epistemologia Genética, teoria do conhecimento com base no estudo da gênese psicológica do pensamento humano.

No ambiente infantil, muitas vezes, a agressividade ocorre como forma de descarga de energia que acaba gerando uma ação violenta. Muitas vezes, a criança demonstra alguns movimentos agressivos por querer demonstrar algum ato de violência por que vem passando.

Neste caso, a instituição deve ter um olhar mais apurado, pois essas crianças podem estar pedindo socorro por algum ato de violência que estejam sofrendo. Sobre estas mesmas crianças, podemos dizer que elas apresentam "condutas" agressivas e hostis, e não desempenho violento ou indisciplina.

As **DCNEI** (Diretrizes Curriculares Nacionais para a Educação Infantil) também abordam o tema que fortalece e orienta o desenvolvimento das atividades que devem ser desempenhadas com as crianças nesta faixa etária:

"Artigo 4º – As propostas pedagógicas da Educação Infantil deverão considerar que a criança, centro do planejamento curricular, é sujeito histórico e de direitos que, nas interações, relações e práticas cotidianas que vivencia, constrói sua identidade pessoal e coletiva, brinca, imagina, fantasia, deseja, aprende, observa, experimenta, narra, questiona e constrói sentido sobre a natureza e a sociedade, produzindo cultura." (BRASIL, Resolução n. 05, de 17 de dezembro de 2009)

Partindo deste princípio, a instituição infantil deve fortalecer as relações que ocorrem em seu ambiente, favorecendo uma maior inter-relação entre escola-família-criança. Essas ações visam favorecer o desenvolvimento da identidade da criança garantida por lei e legitimada pela presença da família no ambiente escolar.

No artigo 6º, que trata da proposta pedagógica, é importante que o professor, ou mesmo o adulto que cuida da criança, sinta-se presente e saiba observar e compreender a linguagem da criança e a responda de forma adequada dentro dos seus princípios éticos, políticos e estéticos.

Neste sentido, a legislação **referenda** que:

"Art. 6º – As propostas pedagógicas de Educação Infantil devem respeitar os seguintes princípios: I – Éticos: da autonomia, da responsabilidade, da solidariedade e do respeito ao bem comum, ao meio ambiente e às diferentes culturas, identidades e singularidades; II – Políticos: dos direitos de cidadania, do exercício da criticidade e do respeito à ordem democrática; III – Estéticos: da sensibilidade, da criatividade, da ludicidade e da liberdade de expressão nas diferentes manifestações artísticas e culturais." (BRASIL, Resolução n. 05, de 17 de dezembro de 2009)

Já o artigo 7º refere-se às diretrizes da proposta pedagógica, trazendo em suas entrelinhas a preocupação com os espaços e materiais pedagógicos que favorecem a expressividade e o desenvolvimento da criança. A criança constrói sua noção de mundo e espaço através de suas interações com os adultos e com outras crianças de forma racional e recheada de afeto e emoções.

"Art. 7º – Na observância destas diretrizes, a proposta pedagógica da Educação Infantil deve garantir que elas cumpram plenamente sua função sociopolítica e pedagógica: I – oferecendo condições e recursos para que as crianças usufruam seus direitos civis, humanos e sociais; II – assumindo a responsabilidade de compartilhar e complementar a educação e cuidado das crianças com as famílias; III – possibilitando tanto a convivência entre crianças e entre adultos e crianças quanto a ampliação de saberes e conhecimentos de diferentes naturezas; IV – promovendo a igualdade de oportunidades educacionais entre as crianças de diferentes classes sociais no que se refere ao acesso a bens culturais e a possibilidades de vivência da infância; V – construindo novas formas de sociabilidade e de subjetividade comprometidas com a ludicidade, a democracia, a sustentabilidade do planeta e com o rompimento de relações de dominação etária, socioeconômica, étnico-racial, de gênero, regional, linguística e religiosa." (BRASIL, Resolução n. 05, de 17 de dezembro de 2009)

O artigo 8º traz à tona as orientações para as instituições infantis, a preocupação com o acesso que deve respeitar a faixa etária da criança, propiciar oportunidade de interação, favorecer seu desenvolvimento, respeitar sua cultura e considerar sua presença no espaço que está inserida.

"Art. 8º – As propostas pedagógicas das instituições de Educação Infantil devem ter como objetivo garantir à criança acesso a processos de apropriação, renovação e articulação de conhecimentos e aprendizagens de diferentes linguagens, assim como o direito à proteção, à saúde, à liberdade, à confiança, ao respeito, à dignidade, à brincadeira, à convivência e à interação com outras crianças; § 1º Na efetivação desse objetivo, as propostas pedagógicas das instituições de Educação Infantil deverão prever condições para o trabalho coletivo e para a organização de materiais, espaços e tempos que assegurem: I – a educação em sua integralidade, entendendo o cuidado como algo indissociável ao processo educativo; II – a indivisibilidade das dimensões expressivo-motora, afetiva, cognitiva, linguística, ética, estética e sociocultural da criança; III – a participação, o diálogo e a escuta cotidiana das famílias, o respeito e a valorização de suas formas de organização; IV – o estabelecimento de uma relação efetiva com a comunidade local e de mecanismos que garantam a gestão democrática e a consideração dos saberes da comunidade; V – o reconhecimento das especificidades etárias, das singularidades individuais e coletivas das crianças, promovendo interações entre crianças de mesma idade e crianças de diferentes idades; VI – os deslocamentos e os movimentos amplos das crianças nos espaços internos e externos às salas de referência das turmas e à instituição; VII – a acessibilidade de espaços, materiais, objetos, brinquedos e instruções para as crianças com deficiência, transtornos globais de desenvolvimento e altas habilidades/ superdotação; VIII – a apropriação pelas crianças das contribuições histórico-culturais dos povos indígenas, afrodescendentes, asiáticos, europeus e de outros países da América; IX – o reconhecimento, a valorização, o respeito e a interação das crianças com as histórias e as culturas africanas, afro-brasileiras, bem como o combate ao racismo e à discriminação; X – a dignidade da criança como pessoa humana e a proteção contra qualquer forma de violência – física ou simbólica – e negligência no interior da instituição ou praticadas pela família, prevendo os encaminhamentos de violações para instâncias competentes.

§ 2º Garantida a autonomia dos povos indígenas na escolha dos modos de educação de suas crianças de 0 a 5 anos de idade, as propostas pedagógicas para os povos que optarem pela Educação Infantil devem: I – proporcionar uma relação viva com os conhecimentos, crenças, valores, concepções de mundo e as memórias de seu povo;

II – reafirmar a identidade étnica e a língua materna como elementos de constituição das crianças; III – dar continuidade à educação tradicional oferecida na família e articular-se às práticas socioculturais de educação e cuidado coletivos da comunidade; IV – adequar calendário, agrupamentos etários e organização de tempos, atividades e ambientes de modo a atender as demandas de cada povo indígena.

§ 3º – As propostas pedagógicas da Educação Infantil das crianças filhas de agricultores familiares, extrativistas, pescadores artesanais, ribeirinhos, assentados e acampados da reforma agrária, quilombolas, caiçaras, povos da floresta, devem: I – reconhecer os modos próprios de vida no campo como fundamentais para a constituição da identidade das crianças moradoras em territórios rurais; II – ter vinculação inerente à realidade dessas populações, suas culturas, tradições e identidades, assim como a práticas ambientalmente sustentáveis; III – flexibilizar, se necessário, calendário, rotinas e atividades respeitando as diferenças quanto à atividade econômica dessas populações; IV – valorizar e evidenciar os saberes e o papel dessas populações na produção de conhecimentos sobre o mundo e sobre o ambiente natural; V – prever a oferta de brinquedos e equipamentos que respeitem as características." (BRASIL, Resolução n. 05, de 17 de dezembro de 2009)

Além dos pais, outros adultos fazem parte do referencial de afeto e comportamento das crianças, dentre eles, podemos citar os avós e tios(as). Seja a escola ou a creche, é necessário acolhê-los com confiança e criar laços de presença entre os elementos que compõem o núcleo familiar. Estes dois núcleos se complementam e compartilham da aprendizagem das crianças.

Essa composição de compromisso entre os adultos (pais e parentes) passa para as famílias as suas funções de cuidar e educar as crianças. A família deve ser informada da rotina, do modo como as crianças são acolhidas e como são respeitados dentro dos seus comportamentos sociais e emocionais. É importante que os pais sempre saibam as ações que são dadas aos seus filhos.

Para os pais, é importante que se sintam seguros em relação aos docentes que lidam com seus filhos e, em contrapartida, estes profissionais devem conhecer as famílias, suas culturas e singularidade. Tanto a escola como os profissionais que nela atuam devem criar laços de confiança, respeito e principalmente comprometimento ético.

3. Acolhimento e adaptação da criança na educação infantil

Nos últimos anos, tem havido, por parte das instituições de educação, uma maior preocupação com o **acolhimento** dispensado às crianças que ingressam na Educação Infantil, diferente de até pouco tempo atrás.

Tanto os diretores, coordenadores pedagógicos e os educadores, de uma forma geral, devem elaborar cuidadosamente um projeto para melhor acolher as crianças no início do ano letivo, tendo como foco o acolhimento e a adaptação da criança na escola, procurando amenizar a ansiedade das crianças, assim como de suas famílias nos primeiros dias de convivência escolar.

Muitos psicólogos consideram que lembranças desagradáveis dos primeiros dias de escola geram estresse não só nas crianças como também em suas famílias e nos profissionais de educação, para toda a vida.

Para as crianças, um ambiente totalmente novo pode ser causador de insegurança e desconforto, fazendo que chorem e rejeitem a ideia de ficar naquele local. Essas crianças devem ser atendidas com atenção e carinho sem que, contudo, os educadores descuidem-se dos demais. São cuidados para os quais os educadores devem dispensar toda sua atenção, para que a relação iniciada torne-se uma convivência feliz, promissora e saudável.

Isso também se aplica às famílias, pois ficam na expectativa de como reagirá a criança, frente ao contato com o "desconhecido", tornando-se inseguros. Porém, ao perceberem que os educadores não estão ali para tomarem os seus lugares, mas, apenas, colaborar na educação de seus filhos no ambiente que lhes é novo, surge o sentimento de parceria e confiança. A instituição infantil deve, ainda, saber qual é a relação entre o acolhimento e a adaptação.

A adaptação dependerá muito da forma como a criança será acolhida e pode ser entendida como o esforço que a criança é capaz de fazer para se adaptar ao espaço coletivo, espaço este que está povoado tanto de pessoas pequenas como de pessoas grandes desconhecidas, com as quais ela não se relaciona no dia a dia.

Deve-se levar em conta, sobretudo, o grande esforço feito pela criança para adaptar-se ao ambiente que ela está acabando de conhecer, o que dependerá muito da maneira como ela será acolhida. Portanto, a adaptação depende da qualidade de acolhimento dada à criança.

O fato de a ansiedade ser ainda maior nas famílias com crianças de 0 a 3 anos faz que as instituições providenciem boas alternativas de acolhimento para um bom resultado na adaptação dos bebês.

A instituição infantil precisa considerar o período que a criança permanece diariamente na escola para organizar um calendário de acolhimento de acordo com cada faixa etária.

Tabela 1 – Exemplo de calendário de acolhida

Mês	Ação/Envolvidos	Objetivos
Novembro	Reunião de gestores (direção e coordenação)	• Conhecer mais a importância do acolhimento e adaptação; • avaliar como o acolhimento é realizado; • conversar sobre quem são as crianças e famílias; • pensar em propostas de planejamento (elaborar pré-projeto); • separar material de apoio para formação de educadores; • estabelecer parceria com a supervisão escolar; • planejar e organizar pauta para formação dos educadores.
Dezembro	Reunião entre direção, coordenação e educadores	• Avaliar o acolhimento realizado na unidade educacional; • ler textos de apoio sobre a importância de acolher; • levantar propostas para acolher melhor as crianças; • analisar o pré-projeto elaborado no ano anterior.
Janeiro	Planejamento dos gestores	• Acolher melhor os educadores; • estabelecer vínculos afetivos entre os educadores recém-chegados e os que já trabalhavam na unidade educacional; • vivenciar a importância de ser acolhido com carinho; • elaborar projeto "acolhimento e adaptação na EI".
Fevereiro	Planejamento de gestores, educadores e funcionários	• Retomar a conversa sobre acolhimento e adaptação; • fazer apresentação pessoal (principalmente aos educadores recém-chegados); • fazer levantamento dos encaminhamentos pedagógicos e técnicos; • iniciar projeto "acolhimento e adaptação na EI".

Para o Projeto "Acolhimento e Adaptação na Educação Infantil", deverá ser levado em conta, na questão de acolhimento:

1) Como cada segmento da escola (direção, coordenação, professores, secretárias, inspetores, merendeiras, serventes de limpeza etc.) participará?

2) O que será planejado como atividade e qual o período de duração?

3) Como os espaços serão organizados para receber as crianças e as famílias?

4) Como as crianças com necessidades educacionais especiais e as famílias participarão?

5) Como será a reunião de pais no primeiro dia de escola e como sensibilizá-los para que possam participar do acolhimento?

6) Quantas crianças serão atendidas por vez e qual o tempo de permanência nos primeiros dias?

7) Como será na volta de feriados prolongados (carnaval, semana santa etc.)?

8) Como acolher as crianças que são matriculadas em diferentes épocas do ano?

Acolhimento é um princípio a ser considerado em várias situações, nos atrasos, na chegada e saída dos alunos, no retorno depois de um tempo afastado por viagem ou doença, um incidente ou acidente durante o período letivo, enfim, em todo e qualquer momento podemos viver situações que necessitem de acolhimento e todos devemos estar preparados para realizá-lo da melhor forma, resgatando a humanização das relações na educação.

Ainda para o projeto "Acolhimento e Adaptação na Educação Infantil", deverá ser levado em conta para o item de adaptação:

1) Permitir que tragam seu bichinho ou seu objeto de apego (isso colabora bastante para diminuir o estranhamento a um ambiente diferente do familiar).

2) Cantos de atividades diversificadas para receber as crianças é uma das modalidades organizativas da adaptação, assim, algo interessante e convidativo está a sua espera.

3) Estabelecer vínculo afetivo entre o professor e a criança.

4) Amenizar a ansiedade e a dor da separação da criança com a mãe ou responsável.

5) Conversar com a criança sobre seus sentimentos, sobre a rotina, contar o que vai acontecer com ela, ajudar a criança a expressar seus sentimentos e valorizá-la como pessoa, promovendo sua autoconfiança.

6) Normalmente, uma semana é suficiente para que algum familiar permaneça junto à criança, sendo seu tempo de permanência gradativamente reduzido à medida que aumenta o tempo de permanência da criança na escola.

7) A professora deve procurar manter uma rotina estável, sem muitas variações, para que a criança a domine cada vez mais. As crianças aprendem a se localizar no tempo, no espaço e com as atividades quando a rotina é mantida, além de construir vínculos e se organizar para a aprendizagem.

8) Propor leitura de histórias como metáforas dos momentos que a criança vive. Pode-se conversar sobre as histórias falando dos medos básicos de todas as crianças, assim é possível que a criança também se exponha e consiga lidar melhor com seus sentimentos, sentindo-se segura para o processo de adaptação.

Finalmente, a adaptação deve acontecer com a participação da equipe escolar e das famílias e, ao final do período, passar por uma avaliação. Avaliar o processo de acolhimento e adaptação dos alunos, revendo as ações e a organização da escola como um todo e deixando indicativos para o próximo ano é imprescindível para a concretização do Projeto Político Pedagógico da unidade.

A articulação entre os instrumentos **metodológicos**: o planejamento, a observação, o registro (escrito, fotográfico ou por meio de filmagens), a reflexão e a avaliação, discutindo os vários pontos de vista e as várias experiências desse período ajudam nos encaminhamentos para os próximos anos. Ouvir os alunos e, principalmente, as famílias é muito importante, pois eles podem ajudar a indicar para a equipe o que foi bom e o que precisa ser melhorado nesse período bem como em todo o processo educativo.

4. O papel do professor da educação infantil e sua formação

O professor na instituição escolar infantil vem se constituindo como de extrema importância para o trabalho educacional desenvolvido com as crianças de 0 a 5 anos. Há pouco tempo, o trabalho era desenvolvido por profissionais que nem sempre necessitavam de formação direcionada para esse segmento. Esses profissionais eram vistos como cuidadores que prestavam um trabalho de cunho assistencialista. O trabalho educacional era desenvolvido nas pré-escolas a partir dos quatro anos.

Com as crianças pequenas, o trabalho vem sendo desenvolvido dessa forma até os tempos atuais. Parte do cuidar é feita por profissionais que se exige apenas uma formação de ensino médio (antigo magistério), e o papel de educador, em grande maioria, é desenvolvido por quem possui a formação em pedagogia. Muitas vezes, essa divisão, em vez de contribuir para a formação da criança, cria uma ruptura, pois coloca em questão a articulação entre o cuidar e o educar.

A LDBEN recomenda, há mais de dez anos, que para exercer a docência nos anos iniciais, o professor deve ter a formação preferencialmente em Pedagogia, mas algumas instituições ainda insistem em contratar profissionais apenas com a formação de nível médio (magistério).

Quando falamos das atribuições que estes profissionais devem desenvolver junto às crianças de 0 a 5 anos, vemos que ainda necessitam de orientações mais específicas que garantam uma docência voltada para a educação, proteção, cultura e saúde. Hoje, esses profissionais vivem uma grande luta na busca de uma identidade profissional que reflita sobre sua formação e profissionalização.

A educação infantil de 0 a 5 anos traz, em sua configuração, um novo modelo de trabalho, realizado em conjunto pelo professor cuidador e pelo professor educador: existe um compartilhar entre a aprendizagem e o trabalho prático desenvolvido. Essa nova forma de trabalhar exige novas formas de organizar o trabalho, a rotina e o funcionamento dos espaços e tempos escolares.

Juntos, esses educadores tornam-se mediadores e planejam, estudam novas formas de cuidar e educar as crianças e, cada um dentro do seu campo de atuação, refletem e elaboram novas formas de cuidar e educar. O professor também é um **mediador** quando elabora suas ações junto com seus pares, pensa sobre os objetivos e desenvolvimento de aprendizagem das crianças.

Dentro dessas ações, encontra-se o pensar sobre os espaços que favorecem o desenvolvimento motor, intelectual e social das crianças, e todo este trabalho deve beneficiar a formação integral dos alunos.

Hoje, exige-se que o professor possua uma formação que inclua a preocupação com os aspectos culturais, éticos e estéticos e, por isso, devem buscar a construção de uma autonomia profissional, na qual razão e imaginação são a tônica da nova forma de articular o prático com o intelectual.

De acorodo com Oliveira (2010), um processo de formação de professor ocorre a partir do momento em que ele se apropria de modos de pensar, sentir e agir em momentos historicamente constituídos de ensino-aprendizagem. Este processo se dá ao longo da formação docente e orienta as suas melhores decisões em relação a aprendizagem que deve ser desenvolvida com as crianças.

O professor que atua com crianças de 0 a 5 anos deve ter seu foco no cuidar e educar, fazendo que este educador reflita sobre as interações que as crianças realizam entre si e entre os adultos do seu ambiente escolar. Esse professor deve ter um olhar de como acontece a fala entre as crianças, seus vínculos,

informações sobre saberes artísticos e sua construção da autonomia e dos conhecimentos culturais.

Para que o professor desenvolva seu trabalho com autonomia, ele deve ter garantido condições de qualidade para desenvolver seu trabalho. Dentre elas, podemos citar:

- tempo e espaço garantido para planejar, comunicar, interagir e organizar;
- proporção adequada do número de crianças por professor, relacionado ao tamanho do espaço físico;
- participação na elaboração da proposta pedagógica da escola e autoria de seu planejamento e ação educacional.

Oliveira (2010) afirma que, conforme o professor passa a conhecer cada uma das crianças de seu grupo, ele pode aprimorar suas observações sobre elas e debater o seu olhar sobre as situações cotidianas em momentos de formação continuada na unidade de educação infantil.

O profissional que atua na educação infantil precisa estar em constante formação. A criança nessa faixa etária requer que o professor tenha sensibilidade e capacidade intelectual para perceber a linguagem das crianças, seus estímulos, gestos e pequenos sinais que só com o estabelecimento dos vínculos criados ele será capaz de perceber.

Além dos professores, outros profissionais também convivem com as crianças desde seu ingresso na instituição até o momento em que os pais a buscam, o porteiro, as inspetoras, os serventes e as merendeiras. Seus professores devem garantir uma boa convivência, ensinando valores simples como cumprimentar, dar e receber carinho, sempre dentro de uma proposta pedagógica que garanta o bom relacionamento no contexto cotidiano da vida escolar das crianças.

O profissional que pensa a educação de 0 a 5 anos deve considerar que todos dentro da instituição devem participar da formação da criança e, além do cuidar, devem ter a preocupação com os conteúdos educacionais e ter grande sensibilidade para a questão social e cultural do público que atende.

Para que haja uma melhoria em relação à formação e ao atendimento das crianças de 0 a 5 anos, devem ser desenvolvidas ações conjuntas de formação contínua de professores e também dos profissionais que atuam neste segmento, com a propositura de ações pedagógicas e ações de experiências cotidianas vividas que renovem seus saberes e suas vivências.

Um dos grandes desafios, nos dias de hoje, está na formação de professores que atuarão na educação básica, principalmente na educação infantil.

Colaborando para que os nossos docentes desempenhem a sua cidadania conscientemente, no que diz respeito à sua formação técnica, científica e cultural, torna-se fundamental o desenvolvimento de pesquisas para a formação de professores, situando-os como sujeitos reais, com importância social e especificidade, dando-lhes a voz que precisam para a produção de conhecimento sobre sua prática. Desenvolvem-se, nessa perspectiva, probabilidades de invalidação do clássico modelo dos cursos de formação de professores guiando-lhes para a introdução dentro da realidade escolar.

Sob a influência da formação inicial, almeja-se assumir importante papel no sentido de obter argumentos e métodos culturalmente determinados e defendidos, por vezes, de acordo com o aspecto democratizador e libertador, por discursos renovadores, que se perderam dos principais atores das transformações, os professores, e, especialmente, de sua indispensável autonomia.

Cabe a seguinte pergunta:

– Qual é o modelo vigente em nossa perspectiva de investigação sobre a formação de professores?

A resposta poderia ser: o que parte da voz dos pesquisadores; ou o que se considera como básicos e representados pela cultura escolar, o professor e os demais abrangidos no processo educacional.

Assim, busca-se estabelecer caminhos de formação de professores que enxerguem as reivindicações integradas ao perfil do profissional a ser habilitado para a tarefa de educar e que visem o exercício da cidadania.

Segundo Paiva (2003), a ação da formação para o exercício da prática docente tornou-se um ponto recorrente nas duas últimas décadas, quando se fala da formação de professores.

Torna-se importante destacar o que foi defendido por Freire (2000): "... na formação permanente dos professores, o momento fundamental é o da reflexão crítica sobre a prática". Assim, o que se oferece é uma sugestão de pesquisa cuja reflexão crítica sobre a prática torna-se fundamental em três atividades essenciais e indissociáveis: ensino, pesquisa e extensão.

Com essa expectativa, há sempre a preocupação de que os temas debatidos, as experiências concretizadas, as propostas aproveitadas ou organizadas acarretem na oportuna realidade educacional, caracterizando o processo ensino-aprendizagem sob a responsabilidade dos professores envolvidos, muitos deles alunos do curso de licenciatura.

Sob uma extensão social, os componentes da tríade ensino, pesquisa e extensão tendem a perderem-se no sentido de solidificar uma reflexão crítica sobre a prática, quer seja no campo das disciplinas de graduação, das atividades a distância ou de pesquisas realizadas sobre esse tema. Vale observar a percepção de se trabalhar, sob quaisquer das três vertentes, sempre ao lado do professor e não para o professor.

Com isso, a opção de se usar a teoria aliada à metodologia na pesquisa privilegiará o professor e a sua cultura escolar. Com essa probabilidade, a cultura, a ética e a subjetividade têm papel principal na composição do sujeito "professor" no contexto da dinâmica educacional, visando sua formação como ferramenta de concepção dos aspectos focados, especialmente enxergando uma abordagem sociocultural.

A importância da cultura na formação dos professores foi avaliada por Bruner (1997), que destacou seu papel característico. Em seu entendimento, o autor criou o pensamento individualista que diferencia a Psicologia, estabelecendo normas emblemáticas usadas para levantar os significados existentes.

A demora em perceber o que o surgimento da cultura significou para a adaptação e para o funcionamento humano, transferindo a atenção para o cérebro, fisicamente falando, atrasou a compreensão da importância efetiva do aparecimento, equivalente ao desenvolvimento morfológico, de: "sistemas característicos compartilhados, de modos tradicionais de viver e trabalhar em conjunto, em suma, da cultura humana". (BRUNER, 1997, p. 22)

A ação característica da cultura configura-se, dessa maneira, de modo decisivo para o entrosamento dos métodos de formação de professores, principalmente sob a ótica psicológica. Para a Psicologia, existem inovações ao implicá-la, assim como para Vygotsky (1968), que valorizou o impulso da linguagem sobre a natureza humana.

Ainda dentro da expectativa psicológica, Gauche (2001) defende um trabalho de pesquisa que procure entender o professor a partir de significados a ele conferidos através de avaliações de seus relatos orais. Isso se alia com o que foi proposto por Bruner (1997, p. 101), quando enfoca que "os significados em cujos termos o si mesmo é definido tanto pelo indivíduo como pela cultura na qual ele participa", dentro de sua prática docente.

A apreciação das probabilidades de superar-se estruturalmente diante das barreiras atribuídas à escola passa, essencialmente, pela autonomia da própria escola, que demanda a mesma autonomia dos participantes, principalmente de seus professores ao negociar demonstrações particulares e coletivas no campo dos ambientes escolares.

Essa negociação decorre da objetividade de diversas explanações subjetivas, de acordo com a história estabelecida em contextos determinados culturalmente (Gauche, 2001; Gauche e Tunes, 2002a, 2002b).

A partir do seu argumento de trabalho nas ações de educação inicial e continuada da formação de professores, facilmente surge a obrigação de discutir-se táticas de ensino e de soluções didáticas. Uma ação inquietante, nesse sentido, é o significado do ensinar e do aprender e as decorrências para as táticas de ensino seguidas pelos professores. A associação entre o ensinar e o aprender apresenta-se tanto no discurso habitual, como em suposições psicológicas sobre a aprendizagem e o desenvolvimento psicológico. De acordo com essa visão, o professor não deve participar diretamente do processo de aprendizagem do aluno e sim, primeiramente, procurar entender o modo como se idealiza a relação de aprendizagem com desenvolvimento.

Sob a visão histórico-cultural de Vygotsky (1968), a aprendizagem antecede o desenvolvimento. O ensinar e o aprender seriam métodos indissociáveis, desenvolvendo uma unidade delimitadora do campo de composição do sujeito na cultura, o que alude à informação direta do professor na composição de processos psíquicos do aluno. Com isso, o enfoque da crítica sobre o ensino sobreviria aos desempenhos intrapsíquicos do aluno permitidos pelo processo de ensino-aprendizagem.

Dentro da formação de professores, imagina-se um planejamento de ensino direcionado ao legítimo aluno da escola, procurando-se fazer uma reflexão entre o esboçado e o realmente atingido, considerando diferentes variáveis que animarão a dinâmica da sala de aula.

Outra atividade curricular importante que procura analisar e refletir sobre a prática docente é a monografia da graduação, na qual os alunos farão uma revisão crítica da literatura sobre um aspecto teórico metodológico de seu interesse. Nesse espaço curricular, o aluno terá oportunidade de entender os embasamentos metodológicos da investigação a que se propôs, por meio de estratégias que se concentram na contribuição ao que chamaríamos de construção do sujeito professor (SILVA et al., 1997).

Nas reformas educacionais, alastram-se o currículo por competências, avaliação do desempenho, promoção dos professores por mérito, conceitos de produtividade, eficiência e eficácia etc., em andamento no mundo globalizado.

São ligados ao discurso global assuntos que dizem respeito às especificidades locais, produzindo, dessa forma, políticas educacionais combinadas com interesses e marcas tanto locais quanto globais. Existe um constante conflito, nesse processo, entre a necessidade de acolhimento na preparação e cumprimento de políticas educacionais e a necessidade de avaliar o que as localidades têm em comum.

Podemos identificar, no caso da formação de professores no Brasil, o questionamento do desempenho profissional dos docentes como um dos discursos que tendem a situar a construção dessa tentativa de acordo e legitimidade da reforma educacional.

Em vários discursos sobre o assunto, o sucesso da reforma educacional brasileira foi ligado à vivência de professores mais bem preparados para "realizar o seu trabalho pedagógico de acordo com a lei" (MELLO, 1999, p. 45).

Esperava-se, com isso, um compromisso por parte do professor na prática da reforma e estabelecendo-se uma forma de influência da ação docente. Essa estrutura de controle sobre os sujeitos ajusta-se com modelos de reformas conservadoras e de contorno especialista, e consente conferir, especialmente, os professores que deixam de assumir os princípios da reforma, como ainda afirmou Mello (1999).

Em compensação, o domínio constituído, atualmente, diferencia-se das formas de controle anteriores, na medida em que precisa ser entendido na sua dependência com o poder. Defende-se, assim, que as capacidades nascem no currículo da formação de professores para formar uma nova organização curricular, na qual o modo de desenvolvimento do ensino ambiciona ser o ponto central.

Segundo as Diretrizes Curriculares Nacionais (DCN/2001), aprender a ser professor demanda o uso do conhecimento prático ou vindo da experiência adquirida:

> "[...] saber – e aprender – um conceito, uma teoria é muito diferente de saber – e aprender – a execução de um trabalho. Trata-se, portanto, de aprender a ser professor." (DCN, 2001, p. 48)

Essa perspectiva é exposta nos Referenciais para a Formação de Professores (RFP/1999), ao proteger-se a ruptura com a designada "lógica convencional, que parte das disciplinas para definir os conteúdos da formação, e substituí-la por outra" (RFP, 1999, p. 87). O referencial, portanto, se transforma na atuação profissional que indica o que deve ser demandado das disciplinas.

O "status de objetivos de formação" (RFP, 1999) é atribuído nos Referenciais, dando margens às competências, buscando, em um mesmo texto, assinalar o modelo de currículo por objetivos, ao afirmar que as competências não são metas individuais.

Contudo, ao ampliar-se a avaliação como processo fundamental na formação de professores por competências do mesmo profissional docente, as questões acerca da individualidade e quantidade colocam-se, no mínimo, como improváveis.

Ao considerarmos a complexidade de "avaliar as competências no processo de formação" (DCN, 2001, p. 33), caracterizam-se para avaliação, dois tipos de competências: as individuais e as coletivas. Mesmo conhecendo as dificuldades impostas na avaliação das competências profissionais, estes documentos indicam diversas ferramentas apropriadas para responder a essa complexidade. Essas ferramentas são, na verdade, atividades que apontam para o desenvolvimento de atuações.

Mesmo recusando qualquer tipo de associação, o discurso dos documentos, com o movimento da eficiência social e da pedagogia dos objetivos, ou ainda com modelos curriculares baseados na formação docente por competências ou desempenho, apresenta um repertório de capacidades que se aproxima, especialmente, da fórmula desses modelos.

Entre as aproximações, podemos citar a organização de competências por três tipos: conceitos, procedimentos e atitudes, obedecendo, respectivamente, aos objetivos cognitivos, psicomotores e afetivos formulados, a partir de verbos que explicitam desempenhos a serem avaliados mais objetivamente.

Pode-se ainda, adaptar-se, na proposta do novo modelo brasileiro de profissionalização, não apenas um novo processo de formação de professores, mas também, um novo tempo/espaço para a formação do docente, no qual o próprio professor é responsável por sua formação permanente.

Como se pode verificar no documento das Diretrizes, o desenvolvimento das competências profissionais é processual, porém, a formação inicial é apenas uma primeira etapa do desenvolvimento profissional permanente, "impondo ao professor o desenvolvimento de disposição para atualização constante" (DCN, 2001, p. 10).

Cabe, ainda, ao professor, identificar, individualmente, o melhor para sua necessidade de formação e cultivar o esforço necessário para realizar sua parcela de investimento no próprio desenvolvimento profissional, pois ser profissional "implica ser capaz de aprender sempre" (RFP, 1999, p. 63).

Este desafio, apresentado pelas Diretrizes, de tornar a formação de professores uma formação profissional de alto nível sustenta um entendimento mais voltado à técnica, cujo destaque passa a se adequar ao "atendimento das demandas de um exercício profissional específico que não seja uma formação genérica e nem apenas acadêmica" (DCN, 2001, p. 28). Logo, este profissional deve alcançar mais que "conhecimentos sobre o seu trabalho" (PCN, 2001, p. 28); deve saber movimentá-los, o que provoca dominar capacidades.

A cultura da avaliação não se restringe ao processo de formação inicial, ela persiste pela formação continuada e difunde-se pelo lema aprender a aprender, e serve como mecanismo de promoção salarial e desenvolvimento da carreira. Com essas características, o discurso dos documentos anima-se em dissociar o caráter punitivo da avaliação, afirmando que ela será útil ao professor que poderá "autorregular a própria aprendizagem" (DCN, 2001, p. 33).

Ainda no discurso dos documentos, avaliação e responsabilidade caminham juntas no desenvolvimento profissional e na formação dos professores e, por isso, sugerem a instituição de "processos de avaliação da atuação profissional, capazes de aferir a qualidade efetiva do trabalho do professor (RFP, 1999, p. 146)", que venham a romper com o instituído, promovendo uma avaliação por mérito e de caráter individualista, mas contrariando a ideia de desenvolvimento profissional que pauta-se como essencialmente coletivo.

A expressão "desenvolvimento de competências", ao longo da história do currículo, associou-se à atuação em situações concretas ou da experiência profissional e pode vir a resultar no esvaziamento do espaço do conteúdo dos diferentes conhecimentos em favor do saber técnico de como desenvolver a atividade de ensino na escola, a partir da valorização do desempenho, do resultado e da eficiência.

Mesmo ao reconhecer-se a singularidade do trabalho do professor, a formação defendida pelos documentos volta a ser entendida como um processo de treinamento, no qual, mais que dominar conhecimentos teóricos, importa que o professor saiba aplicar esse conhecimento em situações concretas, na prática, com a máxima de que "isso se aprende a fazer fazendo" (RFP, 1999, p. 62).

Verifica-se também que a orientação de prover as necessidades dos diversos professores em sua formação, atende as diferenças no desenvolvimento do currículo da formação, não seguindo a mesma direção no processo de avaliação. Pode-se ainda verificar nos documentos, que ao fazerem referência ao processo de avaliação de competências, este deve se aproveitar de ferramentas de avaliação que possam cumprir com a finalidade de "diagnosticar o uso funcional e contextualizado dos conhecimentos" (RFP, 1999, p. 118). Pode-se afirmar que o modelo de competências na formação profissional de professores atende, de fato, à construção de um novo modelo de docente, naturalmente controlado na produção de seu trabalho e ativado nas diversas propostas que se apresentam para a escola e, especialmente, para o professor.

Com a perspectiva desenvolvida pelos documentos oficiais, o caráter projetado é o de um professor a quem muito se cobra individualmente na prática, seja na responsabilidade pelo desempenho dos seus alunos, seja no desempenho de sua escola, ou mesmo no seu desempenho particular, embora o discurso aponte para a construção de um trabalho coletivo, criativo, autônomo e singular.

A expectativa que se aponta para os educadores e para a sociedade em geral, no momento, é de que seja possível a construção de um espaço público de diálogo e de formulação de alternativas curriculares para a formação de professores, capaz de responder às críticas ao currículo por competências. Especialmente no que concerne à aceleração da formação docente e às restrições da atuação intelectual e política dos professores.

Durante os últimos anos, as políticas educacionais brasileiras passaram por um conjunto de reformas que trouxe para o centro da cena as propostas curriculares. Em outros momentos históricos, o currículo também foi objeto de expressiva intervenção governamental. Em período recente, apesar disso, o debate e as ações modificaram-se ao estabelecerem o currículo nacional por intermédio de parâmetros e diretrizes curriculares e de processos de avaliação centralizada nos resultados.

Glossário – Unidade 1

Acolhimento – agasalhar, hospedar, atender.

DCNEI – Diretrizes Curriculares Nacionais para a Educação Infantil.

ECA – Estatuto da Criança e do Adolescente.

LDBEN – Lei De Diretrizes e Bases da Educação Nacional.

Mediador – aquele que intervém, intermediário.

Metodológico – relacionado a métodos e regras.

Permissividade – permissão.

RCNEI – Referencial Curricular Nacional de Educação Infantil.

Referenda – documento assinado como publicado.

UNIDADE 2
O EDUCAR E CUIDAR NA EDUCAÇÃO INFANTIL

Capítulo 1 A ação de educar, 34

Capítulo 2 A ação de cuidar, 37

Capítulo 3 Um olhar para o educar e para o cuidar dentro da legislação brasileira, 39

Capítulo 4 O professor e a ação mediadora na educação infantil, 41

Capítulo 5 A organização do espaço e tempo dentro da educação infantil, 45

Glossário, 49

1. A ação de educar

Em seu livro *The School of Infancy*, Comenius (1592-1670) já abordava a ideia de educar crianças menores de 6 anos de idade, independente de sua condição social. No livro, o autor propunha que houvesse um nível inicial de ensino, que seria o "colo da mãe".

PARA SABER MAIS! Iohannes Amos Comenius (Nivnice, 28 de março de 1592 – Amsterdam, 15 de Novembro de 1670), foi um bispo protestante da Igreja Moraviana, educador, cientista e escritor tcheco. Como pedagogo, é considerado o fundador da didática moderna.

Defendia que o processo de aprendizagem tinha início nos sentidos da criança e o manejo de objetos, passeios e outras atividades (de acordo com suas faixas etárias) resultariam em impressões sensoriais que, inconscientemente, seriam incorporadas na razão e interpretadas de modo apropriado no futuro.

No entanto, a apreensão dos reformadores religiosos da época, que pregavam uma educação severa, moral e de subordinação às autoridades, fez que houvesse um planejamento do tempo nas escolas, onde haveria uma rotina de atividades diárias, sempre com base na autodisciplina.

Em oposição às ideias da **Reforma** e **Contrarreforma** religiosas, surgiram as colocações de Rousseau (1712-1778), abordando a necessidade de as crianças passarem, desde cedo, por situações que estivessem de acordo com seu ritmo e sua maturidade. Em vez de disciplinarem externamente a criança, propunha-se que as elas fossem expostas à liberdade, em contato com a natureza.

PARA SABER MAIS! Jean-Jacques Rousseau (Genebra, 28 de Junho de 1712 – Ermenonville, 2 de Julho de 1778) foi um importante filósofo, teórico político, escritor e compositor autodidata suíço. É considerado um dos principais filósofos do Iluminismo e precursor do Romantismo.

Pestalozzi (1746-1827) teve seus caminhos abertos pelas ideias de Rousseau e sugeriu modificações nos métodos de ensino, em particular na escola elementar, formalizando, ainda, treinamento para professores. Defendia que a educação deveria ser a mais natural possível, e que a disciplina fosse imposta de forma apropriada, não autoritária, o que contribuiria para que o caráter da criança se desenvolvesse.

PARA SABER MAIS! Johann Heinrich Pestalozzi (Zurique, 12 de janeiro de 1746 – Brugg, 17 de fevereiro de 1827) foi um pedagogo suíço e educador pioneiro da reforma educacional.

Pestalozzi indicava que as crianças tivessem atividades de música, arte, soletração e contato com a natureza e foi responsável por levar adiante a ideia de organização proporcional do conhecimento, assim como já recomendavam Rousseau e, antes deste, Comenius.

Discípulo de Pestalozzi, Fröbel (1782-1852) desenvolveu as ideias de educação pré-escolar, no conjunto das novas influências ideológicas e teóricas, que eram o liberalismo e o nacionalismo. Entusiasmado por um ideal político de liberdade e uma expectativa emblemática, ele recomendou a criação dos jardins de infância.

PARA SABER MAIS! Friedrich Wilhelm August Fröbel (Oberweibach, 21 de abril de 1782 – Schweina, 21 de junho de 1852) foi um pedagogo alemão com raízes na escola Pestalozzi. Foi o fundador do primeiro jardim de infância. É dele a famosa frase "Por meio da educação, a criança vai se reconhecer como membro vivo do todo".

Nos jardins de infância prevaleceriam atividades geradas conforme o desejo e interesse das crianças, de acordo com o poder de criar que havia em cada criança. Atividades de cooperação e livre expressão através da música, gestos, manejo de objetos, criações com papel, argila e blocos, recortes, dobraduras, jogos livres e canções permitiriam que as crianças colocassem seu "mundo interno" para fora.

Maria Montessori (1870-1952) destaca-se pela criação de materiais adequados à exploração sensorial pelas crianças, de acordo com cada finalidade educacional. Foi dela a ideia de que os móveis usados pelas crianças nas pré-escolas deveriam ser menores, inclusive os objetos usados para brincar.

PARA SABER MAIS! Maria Montessori (Chiaravalle, 31 de agosto de 1870 – Noordwijk, 6 de maio de 1952) foi uma educadora, médica, católica, pedagoga e feminista italiana. É conhecida pelo método educativo que desenvolveu e que é usado ainda hoje em escolas públicas e privadas mundo afora.

Montessori foi alvo de críticas, pois achavam que não havia, por parte dela, a preocupação com a formação do ser social, gerando a desatualização de sua proposta de ensino, em contraponto ao método Declory.

PARA SABER MAIS! Jean-Ovide Decroly (Renaix, 23 de junho de 1871 – Ucle, 10 de setembro de 1932) foi um médico, psicólogo professor e pedagogo belga. Criou uma disciplina, a "pedotecnia", dirigida ao estudo das atividades pedagógicas coordenadas ao conhecimento da evolução física e mental das crianças.

Porém, apenas no início do século XX é que foi criada a concepção de pré-escola com base no "educar e cuidar", cuja maior preocupação, além da pobreza, era o abandono de crianças, o que estimulou a criação de instituições que atendessem crianças acima dos três anos, filhos de mães operárias.

Após isso, alguns fatores fundamentais, como industrialização, trabalho infantil e moralismo da classe média, foram identificados na expansão da pré-escola europeia e americana e substituídos por teorias que instigavam o desenvolvimento das crianças desde o seu nascimento, criando novo sistema de ideias.

No Brasil, a ideia assistencialista de pré-escola, por muito tempo, dependeu da classe social das crianças atendidas. Enquanto as crianças de famílias pobres tinham o atendimento voltado para a satisfação de suas necessidades de alimentação, guarda e higiene, as crianças da classe média eram atendidas de acordo com suas necessidades afetivas e cognitivas.

Exatamente a partir da procura pelo atendimento de creches e pré-escolas por parte das classes mais privilegiadas foi que as instituições de educação infantil receberam força e reconhecimento suficientes para difundir a discussão de uma proposta pedagógica comprometida com o desenvolvimento das crianças menores, assim como a sua construção de conhecimento.

Os **movimentos feministas** e operários das décadas de 1970 e 1980 proporcionaram um movimento em luta pela democratização da educação pública brasileira, conquistada por meio da CF/88, com o reconhecimento da educação em creches e pré-escolas como um direito da criança e um dever do Estado.

Ao educar, ainda nos tempos atuais, nos deparamos com duas formas diferenciadas de pensar as crianças que frequentam a educação infantil de 0 a 5 anos.

As crianças advindas das classes menos favorecidas, que carregam sua identidade e cultura oriundas do meio social, e as crianças de classe social mais beneficiada, que carregam consigo as configurações de possuidoras de mais conhecimento e cultura.

A educação de 0 a 3 anos, que acontece nas creches, fica próxima à educação que é dada pela família, centrada na transmissão de atitudes e valores e no desenvolvimento de hábitos. No que cabe à educação de 4 e 5 anos oferecida na pré-escola, existe toda uma preocupação na forma de pensar, sentir e no fazer das crianças.

Assim, educar, segundo o RCNEI (1998), é:

"(...) propiciar situações de cuidados, brincadeiras e aprendizagens orientadas de forma integrada e que possam contribuir para o desenvolvimento das capacidades infantis de relação interpessoal, de ser e estar com os outros em uma atitude básica de aceitação, respeito e confiança, e o acesso, pelas crianças, aos conhecimentos mais amplos da realidade social e cultural. Neste processo, a educação poderá auxiliar o desenvolvimento das capacidades de apropriação e conhecimento das potencialidades corporais, afetivas, emocionais, estéticas e éticas, na perspectiva de contribuir para a formação de crianças felizes e saudáveis." (BRASIL, RCNEI, 1998, p. 21)

Na educação de 0 a 5 anos, a aprendizagem da criança precisa ser pensada a partir das inter-relações que são criadas em parcerias com outras crianças e entre seus pares adultos, que favoreçam o desenvolvimento dos conhecimentos adquiridos através da percepção e memorização, quando conseguem expor suas vontades e sentimentos, e seu processo educativo acontece de forma **lúdica** e autônoma.

2. A ação de cuidar

O cuidar, segundo o Referencial Curricular Nacional da Educação Infantil (RCNEI) é, sobretudo, dar atenção à criança como pessoa que está em contínuo crescimento e desenvolvimento, compreendendo sua singularidade, identificando e respondendo às suas necessidades.

Nesse sentido, o cuidar vai além do **assistencialismo**, para a valorização como um ser humano completo com necessidades afetivas e fisiológicas inerentes, ligadas às questões da alimentação, saúde, vestuário, sem descuidar dos aspectos ligados ao sentir, pensar e agir em relação ao mundo e a ela mesma.

O profissional da educação infantil deve ter como preceito em sua formação que o cuidar implica na valorização, na ajuda à criança e na relação com o outro e si próprio, visando o seu desenvolvimento integral, que abranja as dimensões afetivas, **cognitivas**, biológicas e o acesso a conhecimentos variados.

Diante do exposto, o professor deve pensar o cuidar e educar de forma conjunta, já que ocorrem de forma simultânea, e ter o cuidado de entender esta separação apenas em relação aos conhecimentos didáticos.

Mesmo que os cuidados afetivos, emocionais e cognitivos estejam referendados no RCNEI, alguns profissionais ainda tendem a dar mais atenção aos cuidados físicos, deixando de dar a devida importância ao emocional e afetivo, que desempenham um papel de grande importância e encontram-se diretamente ligados aos processos de desenvolvimento intelectual e de aprendizagem.

A criança deve ser pensada de forma singular, **subjetiva**, voltada para uma educação autônoma, sempre considerando o seu processo de crescimento, sentimentos e desenvolvimento intelectual. Para tanto, o profissional da educação infantil de 0 a 5 anos precisa desenvolver um novo olhar sobre o seu trabalho pedagógico e de uma nova organização do espaço-tempo dedicado às crianças.

Antes, a criança era vista como tábua rasa onde o professor precisava escrever a sua história. Faz-se necessário, portanto, mudar esta visão para que o adulto perceba a criança não como um vir a ser, mas como alguém que já faz parte da sociedade e que possui a sua cultura, mesmo dependendo de outros para se formar. A criança já traz consigo capacidades e competências de conviver com seus pares.

3. Um olhar para o educar e para o cuidar dentro da legislação brasileira

O caminho da Educação Infantil no Brasil estabilizou-se a partir da Constituição Federal/1988 e da LDBEN, que reconheceram como parte da educação básica do sistema educacional brasileiro, as creches e pré-escolas para crianças de 0 a 5 anos.

As creches, assim como as escolas maternais e os jardins de infância, surgiram no Brasil a partir de um modelo de educação europeia no inicio do século XX, quando, em 1922, foi realizado no Rio de Janeiro o 3º Congresso Americano da Criança, no qual, juntamente com o 1º Congresso Brasileiro de Proteção à Infância, estabeleceu-se a transferência da influência europeia para o modelo americano de educação.

Dessa época até a década de 1970, as legislações de Educação Infantil passaram por processos lentos de expansão, atendendo a área educacional de forma indireta, ao lado de órgãos de assistência e saúde, e apenas crianças de 4 e 5 anos.

A legislação trabalhista de 1932 estabelecia a instalação de creches em estabelecimentos cujo número de mulheres fosse acima de 30. Foi como um tiro n'água. As poucas empresas que recebiam filhos de trabalhadoras estabeleciam a instalação de creches e atendiam-nos desde o berçário.

Já no nível federal, foi criada, em dezembro de 1932, a Inspetoria de Higiene Infantil. Esta, porém, foi substituída, em 1934, pela Diretoria de Proteção à Maternidade e à Infância, criada no ano anterior, na Conferência Nacional de Proteção à Infância. Três anos depois, em 1937, o Ministério dos Negócios da Educação e Saúde Pública passou a chamar-se Ministério da Educação e Saúde e, por conseguinte, a Diretoria criada em 1934 passou a atender como Divisão de Amparo à Maternidade e à Infância.

Em 1940, criou-se o **DNCr** (Departamento Nacional da Criança). Todas essas mudanças foram dirigidas pelo Dr. Olinto de Oliveira, médico participante do congresso de 1922. A partir de sua criação, o DNCr encarregou-se, entre outras atividades, de instituir normas para a publicação de livros e artigos para o funcionamento das creches.

Em 1932, com a implantação do jardim de infância no estado do Rio de Janeiro, algumas professoras foram escolhidas para participarem de um Curso de Aperfeiçoamento em Educação Infantil. Já em Teresina, o primeiro jardim de infância foi criado em 1933, com o objetivo de adequar o desenvolvimento artístico das crianças de 4 a 6 anos de idade e, na década de 1940, em Porto Alegre, houve a criação dos jardins de infância inspirados em Froebel, para atendimento de crianças de 4 a 6 anos, em meio período e localizados em parques públicos.

O modelo de parque infantil, da década de 1940, ampliou-se para outras localidades do país como o interior do estado de São Paulo, Distrito Federal, Amazonas, Bahia, Minas Gerais e Pernambuco.

Em 1942, o DNCr desenvolveu uma instituição que reunia vários estabelecimentos em um só: a Casa da Criança, onde em um mesmo prédio seriam incorporados creche, escola maternal, jardim de infância, escola primária, parque infantil, posto de puericultura e, se possível, um abrigo provisório para menores abandonados.

Os médicos do DNCr não se ocupavam apenas com os cuidados com as crianças da creche, fazendo valer a presença da educação e da saúde em todo o sistema escolar no ministério. Isso só seria dividido em 1953, quando o DNCr passou a integrar o Ministério da Saúde, sendo substituído, em 1970, pela Coordenação de Proteção Materno Infantil.

O **UNICEF** (Fundo das Nações Unidas para a Infância) promoveu, em 1965, a Conferência Latino Americana sobre a Infância e a Juventude no Desenvolvimento Nacional, que desenvolveu a ideia de tornar as exigências básicas para uma instituição educacional mais simples e propagar um modelo de baixo custo, com apoio da ideologia do desenvolvimento da comunidade.

Dois anos depois, ainda a UNICEF influenciou a elaboração de um novo Plano do DNCr, onde o Ministério da Educação passou a se ocupar da educação pré-escolar, tornando-se ponto de destaque no II e III PSEC (Plano Setoriais de Educação e Cultura), que foram desdobrados nos Planos Nacionais de Desenvolvimento, nos períodos 1975-1979 e 1980-1985.

Já no início da década de 1980, várias foram as leis criadas pelo Ministério da Educação acerca da educação pré-escolar de 0 a 5 anos.

Em maio de 1981, um parecer do Conselho Federal de Educação criou diretrizes para um sistema público de educação pré-escolar, que incluía crianças de 0 a 3 anos. Já na década de 1990, surgiram formulações sobre a Educação Infantil que destacavam os aspectos de educação e cuidados com crianças de até 3 anos.

No transcorrer desse processo, a anexação das creches aos sistemas educacionais nem sempre contou com a compreensão de uma educação assistencialista. Na maioria dos municípios brasileiros, a falta de verbas para a Educação Infantil estimula divisões por idades, e, em vez de atender crianças de 0 a 5 anos, abrem vagas em creches apenas para crianças de 0 a 3 anos, enquanto os maiores, de 4 e 5 anos, devem frequentar a pré-escola.

Carvalho (2010) resumiu que se o cuidar também faz parte da educação da criança no Ensino Fundamental, do mesmo modo, deve fazer parte na Educação Infantil e esse aspecto deve ganhar uma dimensão maior, quanto menor for a idade da criança.

4. O professor e a ação mediadora na educação infantil

Para falar da ação mediadora do professor, não poderemos deixar de lado as considerações de Vygotsky, quando aborda a relação entre interações sociais e as aprendizagens ocorridas nas instituições escolares, especialmente com a figura do professor. Seus estudos têm servido de base para as discussões teóricas e práticas realizadas nas escolas, em especial sua pesquisa sobre mediação semiótica, que ocorre na mediação da linguagem, ponto chave na concepção de professor mediador, que possui a posição privilegiada entre a linguagem e aprendizagem.

Seus estudos e de seus seguidores apontam para os conhecimentos trazidos pelas crianças em suas interações sociais na família, que muito contribuí em suas relações com os outros e com os objetos dos conhecimentos que foram a ela colocados. Para o autor, existe uma constante troca de atividades mediadoras com a criança, a escola e o adulto, e este encontro é enriquecido por confrontos ideológicos e pelas divergências de ideias.

A ação mediadora do professor de educação infantil é mais uma de suas funções, o seu conhecimento sobre a criança e de como ela se desenvolve vai servir como parâmetro para as atividades que serão trabalhadas com as crianças, dando oportunidade de manifestação de ideias, linguagens, sentimentos, criatividades, respeitando suas relações com o mundo imaginário e suas relações com o social.

Os profissionais de educação infantil devem ter um trabalho integrado que reconheça a criança como um ser único, que deve ser respeitado de forma ética, com suas características pessoais e como os demais membros com quem a mesma se relaciona, seus familiares, colegas e outros membros da instituição. Nestas ações de integração, é importante ressaltar as mesmas como promotoras de diferentes níveis de conhecimento, que resultam nas interações de natureza educativa, pedagógica e lúdica.

Cabe ressaltar que a interação só será mantida enquanto tiver sentido educativo tanto para o adulto quanto para a criança, o adulto deve conhecer muito profundamente os níveis de desenvolvimento das crianças de 0 a 5 anos, para que suas interações venham atender às necessidades educativas dos alunos.

Segundo Salvador (1990), a instituição de ensino deve admitir sua responsabilidade de difundir os conhecimentos específicos que serão adequados pelas crianças quando se põem em circulação atividades especialmente preparadas para esta finalidade.

Para ser exitoso em suas intencionalidades educativas, o professor deve sempre se respaldar com um planejamento prévio, onde prevê o acompanhamento e avaliação de suas ações. O professor mediador é aquele que sabe posicionar-se entre o ensino e a aprendizagem da criança, levando a criança a refletir sobre suas ações, a não

dar respostas prontas e, também, a não fazer julgamento nos momentos de erro e, sim, buscar aprender com eles.

O professor mediador deve contribuir para a **autonomia** das crianças, ampliando sua participação em momentos de troca com o professor e com os colegas, deve ter um olhar diferenciado para os espaços onde ocorrerá a interação entre as crianças, suas diferentes faixas etárias, cuidar para que as mesmas saibam utilizar diferentes materiais sem que se coloquem em situação de risco, mas estes cuidados não devem restringir as crianças do seu processo de exploração e manipulação, característico da faixa etária de 0 a 5 anos.

Também é importante ressaltar a ação mediadora do professor nas interações lúdicas, já que as mesmas permeiam ou deveriam permear todos os espaços destinados às crianças de 0 a 5 anos, jogos vêm sendo utilizados como modos preferenciais de trabalho dentro das instituições.

Em todas as situações citadas, a ação do professor mediador serve para garantir que as elas aconteçam de forma segura, prazerosa e lúdica para as crianças.

O educador deve ter claro que essas interações lúdicas favorecem as crianças na elaboração de conhecimentos que darão respaldo às suas relações pessoais e sociais; e cuidar para que estes espaços lúdicos sejam preservados como suporte de sua ação educativa.

Nesses espaços, o professor poderá colher dados que o ajudarão a entender os processos de desenvolvimento da criança, suas funções psicológicas em formação, que estão presentes em suas interações lúdicas, nos espaços e momentos de planejamento dentro das instituições. É importante que o professor tenha conhecimento das mudanças causadas pelas interações como fonte de informação qualitativa para mudanças e adequações em seu trabalho. Desta forma, ele terá subsídios para interferir ou garantir a continuidade de uma atividade lúdica.

A ação mediadora do professor deve garantir a interação pedagógica, pois a mesma garante a organização do tempo, dos espaços e dos materiais necessários para o desenvolvimento das crianças. O professor educador deve favorecer, nestes momentos, a capacitação do aluno, para que este atue de forma cidadã no mundo.

O RCNEI faz as seguintes considerações em relação à ação de mediação que o professor de educação infantil deve ter em relação ao trato com a criança de 0 a 5:

"A ação do professor de educação infantil, como mediador das relações entre as crianças e os diversos universos sociais nos quais elas interagem, possibilita a criação de condições para que elas possam, gradativamente, desenvolver capacidades ligadas à tomada de decisões, à construção de regras, à cooperação, à solidariedade, ao diálogo, ao respeito a si mesmas e ao outro, assim como desenvolver sentimentos de justiça e ações de cuidado para consigo e para com os outros". (BRASIL, RCNEI, 1998, p. 43)

Percebe-se a importância da ação mediadora do professor de educação infantil na construção de desenvolvimento de ações e condições em que os alunos adquiram habilidades de desenvolver sua criticidade, defendam seus interesses, saibam pensar e questionar sobre seus princípios e direitos. O docente tem uma grande responsabilidade em suas mãos, a de transmitir o conhecimento acumulado historicamente desde a primeira infância.

Assim como as crianças, o professor que faz a mediação da aprendizagem precisa ter em sua formação uma inserção no mundo artístico e cultural, deve ter aprimorado sua capacidade criadora e sua sensibilidade em relação aos seus saberes práticos e teóricos no campo das artes, desta forma estará ampliando suas possibilidades de fazer, conhecer e apreciar o fazer artístico das crianças.

É importante que o docente faça uma ponte entre o seu saber profissional e os elementos da cultura, propiciando às crianças um saber histórico, contextualizado com suas vivências e também com o patrimônio cultural da sociedade. Estas experiências contribuirão para que a criança aprimore também o seu fazer, conhecer e apreciar das artes. (Cotidiano da Educação Infantil – Salto para o Futuro, p.60.)

5. A organização do espaço e do tempo dentro da educação infantil

A organização dos espaços nas instituições infantis tem sido cada vez mais caracterizada por ambientes ricos e estimulados por motivos infantis, sendo, inclusive, citada como ponto positivo em estudos sobre o desenvolvimento da criança. Estudos apontam que a organização da sala de aula tem sobre seus ocupantes (alunos e professores) influência em relação ao que sentem, pensam e como se comportam.

O planejamento cuidadosamente elaborado do ambiente físico será parte complementar de uma boa administração do ensino em sala de aula. Já para alguns autores, qualquer que seja o ambiente construído, exercerá um choque direto ou indireto sobre os envolvidos.

Nos dias de hoje, faz-se necessário refletir sobre o espaço escolar em todos os seus níveis, explorando todos os seus potenciais: espaços/tempos, espaços/lugares, espaços/pessoais, espaços/biopsicossociais, espaços/políticos e culturais, espaços/emocionais, afetivos e cognitivos, e ainda os espaços como instrumentos eficazes da aprendizagem.

Morin (2007) classifica o ser humano como complexo e multidimensional (biológico, psíquico, cognitivo, social, afetivo e racional). Portanto, demanda uma educação realizada em espaços múltiplos, ou seja, uma educação global.

De acordo com Viñao Frago e Escolano (1998), a educação possui uma extensão de espaço e tempo e a ocupação desse espaço se constitui como lugar. A diferença está no fato de que o espaço é projetado e o lugar é construído. A localização de uma escola constitui-se numa variável determinante do programa pedagógico e cultural, suportado pelo espaço escolar.

Para Arroyo (2004), o espaço escolar é a concretização das percepções e métodos inovadores de educar. Pensar a escola é pensar um espaço, pois será nas experiências e convívios com esses espaços que professores e alunos se formarão. A escola precisa repensar a organização do espaço, em função do desenvolvimento do ser humano.

Segundo os Parâmetros Básicos de Infraestrutura para Instituições de Educação Infantil (2006), o ambiente de ensino e de aprendizagem das crianças pequenas devem ser preparados pelo professor ao lado das próprias crianças, considerando-se um fator importante para o desenvolvimento infantil e abrindo espaços para que cada criança possa escolher, criar e recriar, explorar e transformar tudo o que foi previamente planejado.

A apropriada organização do espaço nas escolas de educação infantil permite a construção da identidade pessoal da criança, oportunizando o desenvolvimento das competências necessárias para a formação de um cidadão pensante e crítico, agenciando o crescimento pessoal, social, emocional e intelectual, e oferecendo à criança segurança e confiança nas suas ações.

Lembramos que a forma como esses espaços são organizados tem influência na metodologia de ensino da educação infantil e no processo de ensino-aprendizagem. Assim, torna-se imprescindível que sejam revistas as extensões dos espaços físicos, sociais, culturais, emocionais e políticos que integram o ambiente educacional, na busca de caminhos para uma educação infantil de qualidade.

A escola de educação infantil precisa ser um espaço onde o professor seja mestre na arte de educar, atuando com amor, alegria, dedicação, prazer e sabedoria, em que os espaços sejam convidativos, atraentes, agradáveis, saudáveis e fontes de superação, onde sejam importantes os espaços lúdicos, a criatividade e afetividade no trabalho pedagógico.

São sentimentos que precisam permanecer dentro de cada profissional da educação, pois, assim, ele conseguirá envolver a criança, tornando-a mais feliz. Nessa conjunção, torna-se necessário que os profissionais envolvidos com a educação infantil meditem sobre o espaço educativo e a forma como é utilizado, pois espaços de ensinar e aprender precisam ser expressivos, estabelecendo um movimento de prazer entre a construção do ser e do saber.

No que se refere à organização do tempo nas escolas de Educação Infantil, são indispensáveis momentos individualizados, organizados de acordo com as necessidades biológicas, psicológicas e sociais das crianças.

Nesse sentido, a organização do tempo em creches e pré-escolas deve atender necessidades relacionadas à alimentação, higiene e repouso de cada criança, levando-se em conta sua faixa etária, características pessoais, cultura e estilo de vida, que traz de casa para a escola.

Ao brincarem nos espaços organizados para elas na educação infantil, as crianças ficam mais tempo interagindo com as demais crianças e entretidas com a atividade que estão realizando. Nesse caso, solicitam menos a atenção do educador, que poderá, assim, acompanhar o desenvolvimento das diversas crianças, observando se os materiais atendem aos objetivos que deseja alcançar em termos de desenvolvimento individual e do grupo todo, compreendendo o momento de reorganização ou modificação dos cantos recomendados para motivar as crianças e oferecer a elas novas aprendizagens.

No capítulo "Por que as crianças gostam de áreas fechadas?", da obra de Rossetti-Ferreira et al. (2007), Mara Campos de Carvalho analisa que espaços fechados fazem que as crianças sintam-se mais protegidas, de modo que elas ficam mais atentas nas atividades e no comportamento delas e dos colegas, ficando envolvidas por mais tempo nas brincadeiras adequadas, e dispostas no espaço organizado pelo professor.

É indispensável dar valor a uma educação infantil voltada para os espaços de ensinar e aprender, para espaços educativos que transportem sentimentos alegria, emoção e prazer, nos quais as crianças sintam-se instigadas a pensar e agir com arrebatamento, autonomia, respeito e interatividade. Os ambientes de aprendizagem precisam ser significativos e convidativos, possuir vida, falar e sorrir com a criança, abrir os olhos para a imaginação e para o pensamento infantil.

Os espaços de educação infantil precisam ser espaços vivos, com vista a satisfazer as crianças. Dessa forma, elas terão prazer em aprender, tornando-se seres humanos saudáveis e felizes. Portanto, estabelecem-se como ferramentas dinâmicas de aprendizagens e, por isso, devem ser vistos como probabilidades de desenvolvimento e construção de conhecimento.

Glossário – Unidade 2

Assistencialismo – ação de pessoas, organizações governamentais e entidades sociais junto às camadas sociais mais desfavorecidas, marginalizadas e carentes, caracterizada pela ajuda momentânea, filantrópica, pontual.

Autonomia – poder de dar a si a própria lei.

Cognitivas – relativas ao conhecimento.

DNCr – Departamento Nacional da Criança.

Contrarreforma religiosa – barreira colocada pela igreja contra a crescente onda do protestantismo.

Lúdico – relativa a jogos, divertimentos e brincadeiras.

Movimentos feministas – movimentos políticos cuja meta é conquistar a igualdade de direitos entre homens e mulheres, isto é, garantir a participação da mulher na sociedade de forma equivalente a dos homens.

Reforma religiosa – movimento religioso que ocasionou a revolução da igreja.

Subjetiva – individual, pessoal.

UNICEF – Fundo das Nações Unidas para a Infância.

UNIDADE 3
A CONSTRUÇÃO DA AUTONOMIA NA EDUCAÇÃO INFANTIL

Capítulo 1 A autonomia no desenvolvimento da criança, 52

Capítulo 2 Autonomia e os parâmetros curriculares nacionais, 55

Capítulo 3 O papel e o poder da escola na autonomia da criança, 58

Capítulo 4 A importância da ludicidade na autonomia, 60

Capítulo 5 Atividades para a construção da autonomia, 63

Glossário, 68

"Como professor, não me é possível ajudar o educando a superar sua ignorância se não supero permanentemente a minha. Não posso ensinar o que não sei."

(Paulo Freire, Pedagogia da Autonomia, 1996)

1. A autonomia no desenvolvimento da criança

Autonomia refere-se à capacidade de regência própria, ou autogoverno, liberdade moral e/ ou intelectual. Refere-se, ainda, à característica pela qual o homem ambiciona poder escolher as normas que conduzem seu comportamento.

Ao desenvolver-se, a criança formará estruturas que se relacionarão entre si, permitindo o surgimento de características próprias. Para Piaget, o desenvolvimento da autonomia é o que identifica a inteligência humana. Ela não é **hereditária** e está ligada ao funcionamento do organismo de cada um e se desenvolve no processo de interação da pessoa com o ambiente.

PARA SABER MAIS! Sir Jean William Fritz Piaget (Neuchâtel, 9 de agosto de 1896 – Genebra, 16 de setembro de 1980) foi um epistemólogo suíço, considerado um dos mais importantes pensadores do século XX. Defendeu uma abordagem interdisciplinar para a investigação epistemológica e fundou a Epistemologia Genética, teoria do conhecimento com base no estudo da gênese psicológica do pensamento humano. A teoria cognitiva criada por Piaget defende que a construção de cada ser humano é um processo que acontece ao longo do desenvolvimento da criança.

Na história da educação, existe uma concordância de que o foco do processo de aprendizagem e seus objetivos principais devem ser sempre direcionados às necessidades da criança e sua formação em pessoas ativas, críticas e autônomas.

Dickinson (1991) garante que "os aprendizes precisam adquirir independência", e o professor deve criar as qualidades necessárias na criança para que isso aconteça. É necessário educar para conquistar a autonomia, respeitando o próximo e as normas de convivência.

O desenvolvimento da autonomia na criança começa por volta dos dezoito meses de idade e evolui ao longo de toda sua vida, tornando-a autônoma progressivamente. A partir do momento que isto acontece, ela terá um mundo novo e diferente a seu dispor. Nesta ação, a criança descobrirá o conhecimento, não somente vendo e ouvindo, acertando e errando, mas, também, vivenciando.

Uma educação com prioridade é aquela que propõe o desenvolvimento pleno da autonomia da criança, **instigando** sua criatividade ao mesmo tempo em que respeita seus interesses.

A autonomia não se desenvolverá num ambiente em que impera o autoritarismo. Deverá haver sempre um respeito mútuo entre criança-professor-criança, a

partir de uma cooperação entre ambas as partes, para que a formação de sujeitos autônomos, construtores de seu conhecimento, aconteça.

Logo, o professor exerce papel fundamental no desenvolvimento da autonomia da criança, acompanhando as etapas, levantando hipóteses, sugerindo atividades, criando uma esfera de reciprocidade e estímulo do conhecimento.

O entendimento dos cuidados relacionados à criança nem sempre foram os mesmos ao longo do desenvolvimento cultural da humanidade. Ainda na Idade Média, a criança se juntava aos adultos de maneira que não se ponderava o respeito e as diferenças existentes entre os dois.

Assim que uma criança era considerada, pela sociedade e pelos pais, capaz de se locomover e se alimentar, era classificada como apta a viver com os adultos, passando pelas mesmas dificuldades, aprendendo em suas experiências mais árduas a lutar pelo que fosse necessário para sua vida.

Era uma época em que a infância era apenas um período de mudança e cuja lembrança logo seria perdida, ao contrário dos dias de hoje em que existem expectativas nas crianças, com foco em sua transformação social.

As creches existiram por muito tempo dentro das indústrias apenas para servir às mães operárias, já que eram aceitos somente os filhos destas. A preocupação dos patrões não era com as operárias ou com seus filhos, mas sim, solucionar os problemas das próprias indústrias que, devido ao aumento da produção, necessitavam de mão de obra cada vez mais barata, fazendo com que empregassem cada vez mais as mulheres. As creches dentro das indústrias "guardavam" as crianças enquanto suas mães desempenhavam suas funções, do modo como o empregador daquele período desejava.

Durante muito tempo, as indústrias mantiveram essas creches, porém, devido ao fato dos locais serem inapropriados, o **Ministério do Trabalho** proibiu o funcionamento de creches dentro das indústrias, o que fez com que fossem criadas creches para os filhos da classe baixa e não só para os filhos de operárias, fazendo com que essas mulheres passassem a depender de assistência social.

No mesmo período, surgiram as preocupações com o **cognitivo** das crianças, com estudos que defendiam seu desenvolvimento pedagógico. Estabeleceu-se, aí, a relação de que as crianças de famílias desamparadas economicamente não possuíam condições intelecto culturais para estimularem, adequadamente, o desenvolvimento cognitivo de seus filhos.

A partir desse momento, as crianças de 0 a 6 anos de idade passaram a ser vistas de um modo diferente pela sociedade, baseados na concordância do desenvolvimento integral do indivíduo e as creches passaram a ser aceitas pelo Estado, adquirindo um novo estatuto e teorias educacionais direcionadas, passando sua função assistencialista às crianças filhas de famílias pobres e tornando-se um direito de todos e um dever do Estado.

O RCNEI assegura que:

"A criança, como todo ser humano, é um sujeito social e histórico e faz parte de uma organização familiar que está inserida em uma sociedade, com uma determinada cultura, em um determinado momento histórico. É profundamente marcada pelo meio social em que se desenvolve, mas também a marca. A criança tem na família biológica ou não, um ponto de referência fundamental, apesar da multiplicidade de interações sociais que estabelece com outras instituições sociais." (BRASIL, RCNEI, 1998, p. 21)

A criança passou a assumir um papel essencial na família e na sociedade. Profissionais da educação desenvolveram estudos para conhecer melhor a criança, tornando, assim, o cuidado cada vez mais especializado, sem retirar da família o encargo pela educação social dos filhos, mas dividindo a responsabilidade com o Estado.

Em virtude das transformações nas legislações, as mudanças nos cuidados com as crianças foram acontecendo e se fortalecendo. De acordo com a LDBEN, a Educação Infantil, por ser a primeira etapa da Educação Básica, tem como finalidade o desenvolvimento integral da criança, seja em seu aspecto físico, intelectual, psicológico e/ ou social, dividindo para crianças de 0 a 3 anos o atendimento em creches e, para as crianças de 4 a 6 anos, o atendimento na pré-escola.

> "A instituição de educação infantil deve tornar acessível a todas as crianças que a frequentam, indiscriminadamente, elementos da cultura que enriquecem o seu desenvolvimento e inserção social. Cumpre um papel socializador, propiciando o desenvolvimento da identidade das crianças, por meio de aprendizagens diversificadas, realizadas em situações de interação." (BRASIL, LDBEN, 1996, p. 23)

Novamente, de acordo com o RCNEI, educar abrange criar circunstâncias não só de aprendizagem, mas, também, de atividades que colaboram para o desenvolvimento da criança, tornando-a capaz de relacionar-se com os demais, de forma a aceitarem e respeitarem a opinião dos outros.

Ainda, o RCNEI indica:

> "Todas as atividades permanentes do grupo contribuem, de forma direta ou indireta, para a construção da identidade e o desenvolvimento da autonomia, pois são competências que perpassam todas as vivências das crianças." (BRASIL, RCNEI, 1998, p. 62)

Além deste entendimento do ato de educar, deve-se levar em consideração o argumento social de que a criança vive seus aprendizados sociais em definidos grupos que lhes estabelecem elementos de diversas linguagens e diferentes conhecimentos que defenderão na edificação de sua autonomia.

2. Autonomia e os parâmetros curriculares nacionais

Em relação aos **PCNs** (Parâmetros Curriculares Nacionais), o termo autonomia é estudado, ao mesmo tempo, como habilidade a ser desenvolvida pelos alunos e como abertura norteadora da atividade didático pedagógica.

Para a aquisição dos objetivos propostos, **alude** fundamentalmente que a autonomia seja exercida durante o processo do ensino-aprendizagem, pois não é viável que uma competência seja desenvolvida sem que seja exercida.

De acordo com os PCNs, em sua introdução:

"A autonomia é tomada ao mesmo tempo como capacidade a ser desenvolvida pelos alunos e como princípio didático geral, orientador das práticas pedagógicas (...). Uma opção metodológica que considera a atuação do aluno na construção de seus próprios conhecimentos valoriza suas experiências, seus conhecimentos prévios e a interação professor-aluno e aluno-aluno, buscando essencialmente a passagem progressiva de situações em que o aluno é dirigido por outrem a situações dirigidas pelo próprio aluno." (BRASIL, PCNS, 2001)

Diante dessa citação, pode-se afirmar que a didática é uma ferramenta essencialmente importante para o desenvolvimento da autonomia, a partir do momento em que se permitam e acomodem as relações estabelecidas entre educadores e educandos e a construção do conhecimento durante as atividades realizadas entre ambos e a instituição de ensino. Portanto, para que o educando possa pensar e adquirir responsabilidades, é indispensável que essas ações estejam incluídas num processo educacional.

Assim, podemos ver a autonomia, segundo os PCNs, como uma alternativa metodológica, que leva em conta a atuação do educando na construção de sua autonomia, a valorização de seus conhecimentos anteriores e da interação educador-educando e educando-educando, na procura da mudança do educando de uma situação em que ele é conduzido por outrem, em que ele passa a possuir qualidades de conduzir-se sozinho.

Ainda de acordo com os PCNs, autonomia compreende o objetivo principal do processo educativo e uma relação livre com as mais diversas extensões da vida, abrangendo aspectos afetivos, intelectuais, morais, políticos e sociais e dando aos educandos a competência de situar-se, organizar projetos, participar, tanto comunicativamente, como coletivamente, da vida em sociedade.

Cabe dizer, ainda, que a autonomia se sobressai na escola dos dias e hoje, porém, não acontece solidamente sem o desenvolvimento de uma "capacidade ética", a qual podemos chamar de autonomia moral e de autonomia emocional. Ambas nos levam à ideia de autorrespeito, respeito mútuo, segurança e sensibilidade.

Igualmente ao desenvolvimento de qualquer outra habilidade, a construção da autonomia tem como ferramentas essenciais a aprendizagem de determinadas metodologias, atividades e procedimentos que dizem respeito aos **intercâmbios sociais**, decisão de dificuldades e desordens, cuidados com a saúde.

São ferramentas que podem se tornar acessíveis através da escola, uma vez que compõem elementos de aprendizagem.

Logo, para que os educandos tornem-se cada vez mais autônomos, a escola deve ensinar de modo planejado e metódico. Para isso, é de grande importância o fato de que a escola deve, desde o início, ter um **PPP** (Projeto Político Pedagógico) voltado para a finalidade desta meta.

O trabalho individual é outro aspecto relevante na busca da autonomia, assim como o coletivo e o cooperativo. Entretanto, torna-se importante destacar que a autonomia não é um estado psicológico que, quando alcançado, garante qualquer situação, ou seja, a criança pode ter autonomia em determinadas situações e, em outras, poderá lhe faltar esta mesma autonomia.

Nesse caso, torna-se indispensável que a escola procure diversos campos de desempenho da vida diária da criança, auxiliando os alunos a ampliar e desenvolver uma atitude autônoma, que poderá ser obtida diante de atividades ordenadas ao longo de toda a escolaridade. Para tanto, será necessário procurar fontes que propaguem claramente como o processo de desenvolvimento da autonomia acontece, apontando uma interferência docente relacionada e apropriada para que o aluno obtenha seu desenvolvimento.

Finalmente, é indispensável esclarecer que o papel do professor é essencial no desenvolvimento da autonomia, definindo os suportes intelectuais, emocionais e materiais, desde a Educação Infantil e, principalmente, nela.

3. O papel e o poder da escola na autonomia da criança

A comprovação do desenvolvimento da autonomia educacional na criança acontece pela observação de simples ocorrências diárias na sala de aula. Quando a criança se sente capacitada para escolher as cores com que irá colorir o desenho também escolhido por ela, está dando sinais de estar se tornando independente intelectualmente. A partir daí, ela deverá ser impulsionada na educação infantil, podendo até ser capaz de decidir, ascendendo a um cidadão socialmente crítico.

Usualmente, pode-se afirmar que o resultado do que somos, decidimos e pensamos, seriam extensões **abrangentes** de lições de uma "educação padrão". Desse modo, seríamos consequência do que foi desejado por nossa família, pelos professores, pelos líderes de nossa religião, pelos políticos e, até mesmo, pelos meios de comunicação.

Ainda que na atualidade existam meios alternados de educação, a escola ainda é a melhor forma de obtenção de conhecimento e conduta para uma ascensão social. Pelo fato de possuir uma estrutura assemelhada à da sociedade, a escola pode ser vista como um dispositivo de representação ideológica. Por estar intensamente ligada à cultura, a escola, assim como a sociedade, pode organizar, regulamentar e diferenciar.

Ao ingressar na escola, espera-se que a criança prospere na obtenção de conhecimentos a serem valorizados pela sociedade em geral. Ela é naturalmente livre para descobrir, brincar, reconhecer e, por vezes, é estimulada a deixar para trás todos os ensinamentos que já adquiriu em família, dando início a um processo de "educação padrão", o que leva as crianças a agir, escrever, falar, ouvir e raciocinar, todas umas como as outras. Com isso, é furtada sua individualidade.

Essa educação formal faz que a criança seja impossibilitada de criar. Isso porque as escolas são delineadas de modo a evitar que tanto o que se ensina como o que se aprende sejam interessantes. Ao contrário, são preparados inúmeros alunos, em pouco tempo, para se tornarem úteis à sociedade.

No caso em que o professor ensina e o aluno aprende, não há espaço para pesquisas, brincadeiras, aprender com encanto e interesse. A criança não ob-

têm autonomia. Ela receberá inúmeras lições, mas, o mais importante ela não aprenderá: a capacidade cognitiva de refletir.

Devemos enxergar na criança pequenos pesquisadores, que saboreiam e procuram respostas para as suas indagações. Nessa procura, elas estabelecerão considerações a respeito da vida, da natureza e do mundo.

Ao entendermos a autonomia como finalidade educativa, será necessária a ideia da vinculação da necessidade de instruir os alunos a pensar.

Quando domina a palavra, a criança enriquece suas ideias e pensamentos, ao mesmo tempo em que sua competência de abstração vai sendo aperfeiçoada. Além de brincar com brinquedos, brinca também com as palavras.

O professor não pode e não deve dominar o saber, os costumes e o comportamento da criança. É necessário dar-se conta de que o comando do professor, sem que haja uma consideração recíproca, levará a criança a crer que os adultos têm sempre razão, portanto, suas considerações não serão levadas em conta. Isso poderá levar a criança a atrasar seu empenho.

A escola deve favorecer a criticidade, a reflexão e a imaginação, estimulando a atuação do aluno para a edificação do conhecimento, criando a capacidade e o domínio de livrar os alunos das convenções, das ideias padronizadas, do comodismo e da dependência pelo ato educativo. Deve a escola, ainda, resistir a estes nós, na intenção de livrar a criança de suas deficiências de criação e afeição, levando-a à descoberta de suas competências criativas e afetivas. Quando estabelecemos a importância da autonomia na prática educacional, torna-se imprescindível não esquecer as reivindicações, as normas e os regulamentos de sua extensão formadora.

Temas simples como saber fazer as tarefas escolares ou comportar-se são questões que abrangem atitudes, valores, lugares que convivem, princípios atribuídos, relações sociais estabelecidas de como a criança as elabora e entende, podendo ter procedências mais intensas no desenvolvimento da autonomia da própria criança.

4. A importância da ludicidade na autonomia

A criança, ao desenvolver sua autonomia, tem a propriedade de ingressar no universo **lúdico** e usa como ponte as brincadeiras. Quando está brincando, ela demonstra sua afetividade e seus sentimentos.

Segundo Vygotsky (1989):

> "As crianças formam estruturas mentais pelo uso de instrumentos e sinais. A brincadeira, a criação de situações imaginárias surgem da tensão do indivíduo e sociedade. O lúdico liberta a criança das amarras da realidade." (VYGOTSKY, 1989, p. 84)

Através dos brinquedos, brincadeiras e jogos lúdicos, a criança desenvolve sua inventividade, habilidades, e desenvolve sua coordenação motora. Isso também

torna as aulas mais fascinantes para os alunos, a partir de ocorrências de descontração que o professor desenvolve, determinando uma conexão entre vários conteúdos curriculares.

Os espaços de ludicidade devem ser ambientes produtivos para a aprendizagem e desenvolvimento, principalmente da autonomia e socialização da criança.

Fröbel, pedagogo já citado na Unidade 2, defendeu que os jogos, por serem expressões livres e espontâneas do interior da criança, estabelecem o mais alto grau de desenvolvimento do educando.

A ludicidade é importante por fazer parte do mundo das crianças e por proporcionar momentos agradáveis, sempre dando espaço à criatividade. Todos devem buscar o bem-estar da criança durante o processo de ensino e aprendizagem, desenvolvendo a construção do conhecimento, usando o lúdico como instrumento.

De acordo com RONCA (1989):

"O movimento lúdico, simultaneamente, torna-se fonte prazerosa de conhecimento, pois nele a criança constrói classificações, elabora sequencias lógicas, desenvolve o psicomotor e a afetividade e amplia conceitos das várias áreas da ciência." (RONCA, 1989, p. 27)

Nos dias atuais, em que a tecnologia avança a cada dia, inclusive no sistema educacional, as atividades lúdicas não podem ser deixadas de lado do cotidiano infantil, mesmo porque a ideia de trabalhar de maneira lúdica em sala de aula, além de educativa, sempre foi muito atraente.

Brincando, a criança aprenderá com muito mais prazer, pois o brinquedo é o caminho pelo qual a criança compreende o mundo e obtém a chance descobrir, experimentar, exercitar, inventar, vivenciando uma experiência enriquecedora para sua habilidade em se tornar um ser humano criativo.

A ludicidade proporciona à criança a capacidade de convívio com diversos sentimentos que já fazem parte do seu mundo, porém ela ainda não entende esses sentimentos.

Através dos jogos lúdicos, a criança vê o mundo a seu modo, expressa as preocupações que podem estar lhe angustiando, portanto, o que pode ser difícil a ela expressar por palavras, ela expressa através das brincadeiras.

Incorporar atividades lúdicas ao processo de ensino-aprendizagem pode se tornar um hábito muito valioso ao desenvolvimento da autonomia da criança e o jogo poderá ser um meio de despertar sua curiosidade e interesse.

Assim, compreende-se a necessidade do educador de planejar atividades lúdicas para diferentes momentos que poderão surgir. Atividades estas que demandem confrontos, negociações, compartilhamentos e trocas, atividades que determinarão como resultados as conquistas cognitivas, emocionais e sociais.

Ao tornar-se construtora de novos conhecimentos, a criança trabalhou o imaginário e produziu uma forma de compreensão de suas experiências diárias. Nessa expectativa, o lúdico torna-se um instrumento de fundamental importância para a educação, pois, brincando, a criança constrói e compreende o mundo que a cerca. Assim sendo, entende-se que o universo lúdico colabora para o desenvolvimento da autoafirmação, o que favorece a autoestima e valorização pessoal da criança.

5. Atividades para a construção da autonomia

O RCNEI determina que: "as atividades lúdicas, através das brincadeiras, favorecem a autoestima das crianças, ajudando-as a superar progressivamente suas aquisições de forma criativa".

Ainda de acordo com o RCNEI:

"As brincadeiras de faz de conta, os jogos de construção e aqueles que possuem regras, como os jogos de sociedade (também chamados de jogos de tabuleiro), jogos tradicionais, didáticos, corporais etc., propiciam a ampliação dos conhecimentos da criança por meio da atividade lúdica." (BRASIL, RCNEI, 1998, v. 1, p. 28)

E, ainda, os PCNEFs (Parâmetros Curriculares Nacionais de Educação Física, 1997):

"As situações lúdicas, competitivas ou não, são contextos favoráveis de aprendizagem, pois permitem o exercício de uma ampla gama de movimentos, que solicitam a atenção do aluno na tentativa de executá-la de forma satisfatória." (BRASIL, PCNEFs, 1997, v. 7, p. 36)

A atividade física é a primeira forma de aprendizagem da criança, pelo fato da motricidade estar ligada à atividade mental, ela se movimenta para contrair maior mobilidade e descobrir o meio ambiente. Toda e qualquer ação humana abrange uma atividade corporal, a criança se movimenta nas ações mais cotidianas, brinca, corre, dança, salta, desenvolve essas atividades ligadas à sua

necessidade de conhecer o corpo, não somente para si, mas também na construção de sua autonomia.

A brincadeira, a diversão e os jogos fazem parte de um mundo maravilhoso do movimento e estão presentes nas diversas atividades que aqui serão propostas, as quais serão entremeadas pela ludicidade e a constante busca da inclusão de todas as crianças. Lembrando que as atividades com brincadeiras e jogos é, sem dúvida alguma, um enorme avanço para a superação de práticas estáticas e sem estímulo. O educador que deseja alcançar seus objetivos educacionais com resultados positivos, deve sempre enxergar um recurso valioso nas atividades lúdicas.

Atividades que podem ser organizadas pelo educador em sala de aula e que estimularão a criatividade da criança:

Figura 1 – Sugestões para organizar uma sala de aula estimuladora do potencial criativo

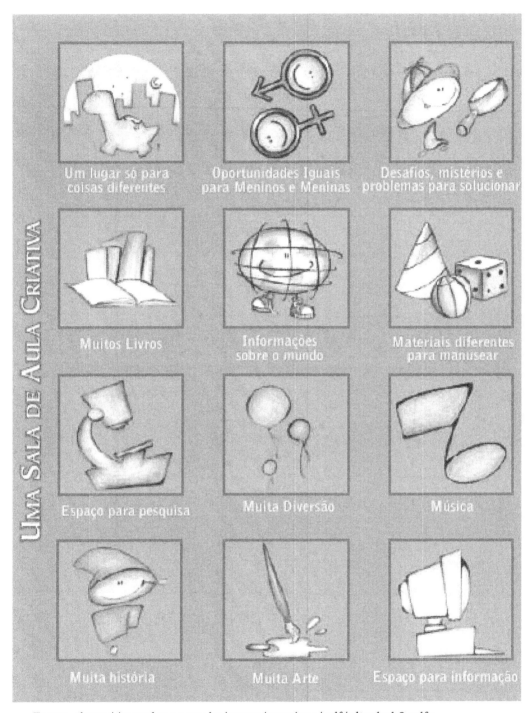

Fonte: <http://portal.mec.gov.br/seesp/arquivos/pdf/altashab3.pdf>.

Figura 2 – Sugestões para elaborar metodologias de ensino promotoras de criatividade

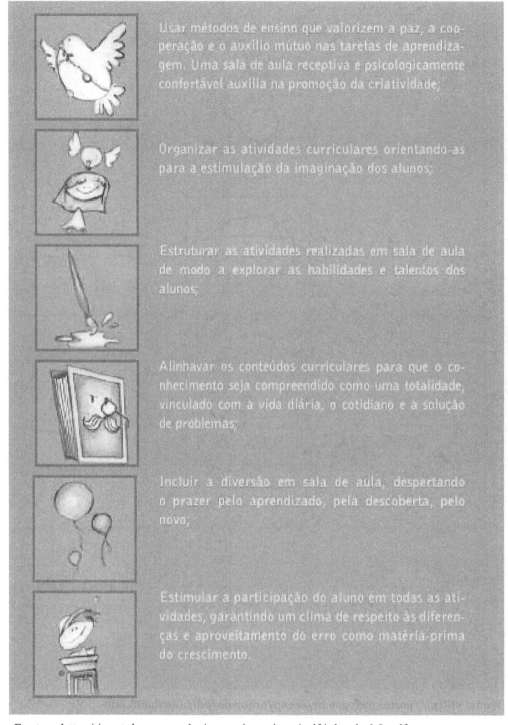

Fonte: <http://portal.mec.gov.br/seesp/arquivos/pdf/altashab3.pdf>.

Estabelecer **rodas de conversa**, em que sejam feitos questionamentos a respeito do que foi feito anteriormente (uma história contada, uma música ouvida etc.), tentando fazer as crianças perceberem o que ainda não sabem e passam a saber. Podem ainda incentivá-las a dizer o que já fazem sozinhas e o que ainda precisam aprender.

PARA SABER MAIS! Algumas boas atividades estão disponíveis na internet para que sejam aproveitadas nas escolas em atividades com as crianças. São tarefas lúdicas, que unem a educação à brincadeira. Boas sugestões estão nas páginas <http://www.atividadesparacolorir.com.br/2014/03/imagens-de-professores-com-alunos.html>, e <http://crinfancia.blogspot.com.br/2013/03/da-roda-de-conversa-ao-desenho.html>. Acesso em: 07 jun. 2015.

Organizar atividades de **faz de conta**:

Histórias não são feitas apenas de palavras: têm peso, cor, sabor, detalhes que não cabem nos limites do texto, mas são tão importantes quanto as narrativas que vêm se repetindo há séculos.

Histórias são pontes; são laços entre o narrador e o ouvinte, entre o real e o imaginário, entre o passado, o presente e o futuro; são elos que se constroem e reconstroem entre seres humanos, em um processo sem fim.

Atividades relacionadas à habilidade de executar ações cotidianas, como organizar a sala após uma brincadeira, aumentam a independência das crianças e sua consciência de grupo. É importante fazer um rodízio entre os brinquedos, livros e jogos. Em geral, as crianças brincam com apenas 20% dos brinquedos por vez. Separe-os por lotes que devem ser trocados periodicamente. Isso ajuda na manutenção do interesse das crianças, que terão sempre a sua brinquedoteca renovada.

Glossário – Unidade 3

Abrangentes – abarcantes, compreensivas.

Alude – refere-se, reporta-se.

Cognitivo – ato ou processo de aquisição do conhecimento.

Faz de conta – contos de fadas, histórias de bichos e fábulas, que são uma porta de entrada para o mundo da fantasia e também uma porta de saída para a vida real.

Hereditária – que se transmite por herança, de pais para filhos ou de ascendentes a descendentes.

Instigar – estimular, induzir.

Intercâmbios sociais – nome dado a viagens para outro país para trabalhar em projetos sociais e, de quebra, turbinar o aprendizado de uma língua estrangeira.

Ministério do Trabalho – órgão atrelado ao Ministério Público, que tem a missão de defender os direitos coletivos dos trabalhadores.

PCN – Parâmetros Curriculares Nacionais.

PPP – Projeto Político Pedagógico.

Roda de conversa – Atividade recorrente na rotina da educação infantil, que visa a livre expressão e a dinâmica educativa.

UNIDADE 4
PRÁTICAS, PROPOSTAS E PROJETOS NA EDUCAÇÃO INFANTIL

Capítulo 1 Práticas educativas e alternativas pedagógicas da educação infantil, 70

Capítulo 2 Pedagogia de projetos na educação infantil, 79

Capítulo 3 Modelo de projeto de trabalho, 81

Capítulo 4 Projeto Político Pedagógico para educação infantil, 82

Capítulo 5 Caracterização da comunidade, 84

Capítulo 6 A escola, 86

Capítulo 7 Metas a atingir, 87

Capítulo 8 Metodologia, 87

Capítulo 9 Atividades, 89

Glossário, 91

Referências, 92

1. Práticas educativas e alternativas pedagógicas da educação infantil

As práticas educativas da educação infantil estão instituídas em várias leis, dentre elas, a LDBEN, quando estabelece a educação infantil como a primeira etapa da educação básica, referendando o trabalho pedagógico com crianças de 0 a 6 anos, tendo como função o atendimento das **especificidades** do desenvolvimento das crianças desta faixa etária e, como princípio, a construção da cidadania.

Em 2006, após dez anos de ter sido instituída como parte da educação básica pela LDBEN, a educação infantil brasileira obteve uma conquista importante: foi incluída no Fundo de Manutenção e Desenvolvimento da Educação Básica (**FUNDEB**). Com a Lei n. 11.274, de 06 de fevereiro de 2006, as crianças de 6 anos de idade puderam ser matriculadas no ensino fundamental de 9 anos.

> *PARA SABER MAIS! O FUNDEB foi criado pela Emenda Constitucional n. 53/06 e regulamentado pela Lei n. 11.494/07 e pelo Decreto n. 6.253/07, em substituição ao Fundo de Manutenção e Desenvolvimento do Ensino Fundamental e de Valorização do Magistério (FUNDEF), que vigorou de 1998 a 2006. É um fundo especial, de natureza contábil e de âmbito estadual, formado, na sua quase totalidade, por recursos provenientes dos impostos e transferências dos estados, Distrito Federal e municípios, vinculados à educação, por força do disposto no art. 212 da CF/88.*

O que constitui que, embora o Ensino Fundamental continue sendo a prioridade da educação nacional, há um fundo que apoia o financiamento da educação infantil. Com isso, os sistemas de ensino podem expandir e aperfeiçoar o atendimento em creches e pré-escolas.

Isso demanda das escolas de educação infantil uma série de medidas político-pedagógico-administrativas, que pedem estudos, reflexões e articulações sobre adequação de espaços, aquisição de materiais, construção e organização de rotinas, elaboração de planejamento, formação de professores, teoria e prática, entre outras tantas demandas.

Logo, a educação infantil deve criar práticas educativas e alternativas pedagógicas, visando o desenvolvimento integral do educando, devendo estar focadas na linguagem, expressão, espaço, apropriação interdisciplinar de conhecimentos. Assim como o registro do desenvolvimento dos educandos, seu sistema de avaliação de acompanhamento e resultados tem muito a colaborar em diálogo com o ensino fundamental, ocupando importante lugar no cenário educacional brasileiro.

De acordo com o estabelecido na Revisão das DCNEI, quando trata do currículo e das práticas educativas na educação infantil, estes devem ser concebidos como:

"(...) um conjunto de práticas que buscam articular as experiências e os saberes das crianças com os conhecimentos que fazem parte do patrimônio cultural, artístico, científico e tecnológico. Tais práticas são efetivadas por meio de relações sociais que as crianças desde bem pequenas estabelecem com os professores e as outras crianças, e afetam a construção de suas identidades." (DCNEI, 2009, p. 86)

As DCNEI também determinam que: "As práticas pedagógicas que compõem a proposta curricular da educação infantil devem ter como eixos norteadores as interações e a brincadeira" e garantam experiências que:

- causem o conhecimento de si e do mundo;
- defendam a imersão da criança em diversas linguagens;
- permitam sua integração com experiências de narrativa, interação oral e escrita;
- criem argumentos expressivos de medidas, formas, espaços e tempos;
- proporcionem o aumento da confiança e conhecimento nas atividades grupais e particulares;
- permitam ocorrências de aprendizagem independentes de cuidado pessoal, auto-organização, saúde e bem-estar;
- permitam experiências **éticas**, estéticas e culturais;
- estimulem a curiosidade, exploração, encantamento, questionamento, investigação e sua informação relativa ao mundo físico, social, tempo e natureza;
- causem o relacionamento e o intercâmbio das crianças com manifestações de música, artes plásticas, artes gráficas, cinema, fotografia, dança, teatro, poesia e literatura;
- determinem a interação, o cuidado, a preservação e a compreensão da biodiversidade e da **sustentabilidade** da vida na Terra, assim como o não desperdício dos recursos naturais;

- propiciem interação e informação referentes às tradições e manifestações culturais típicas;
- permitam o uso de gravadores, projetores, computadores, máquinas fotográficas e outros recursos tecnológicos e **midiáticos**.

Mesmo com o advento de todas essas leis, um grande nó que se apresenta é o acesso para todas as crianças às creches e pré-escolas. Este desafio só é maior no que cabe à estruturação de uma proposta curricular que respeite e atenda as crianças em suas particularidades e necessidades socioeconômicas, de cultura, faixa etária, étnicas, de gênero e, principalmente, das crianças com necessidades especiais e/ou educacionais.

As práticas educativas na educação infantil devem propiciar à criança uma educação que vá além das compartilhadas no seu cotidiano. Elas são caracterizadas por objetivos incomuns aos realizados pela família. Muitas vezes, as práticas pedagógicas aparecem com algumas divergências entre cumprir propostas pedagógicas, orientadas por processos de aprendizagem e, outras vezes, por práticas espontâneas que não consideram os saberes do educando.

A instituição escolar que prima por uma educação que atenda às demandas de formação humana e cultural deve garantir às crianças de 0 a 5 anos um saber **sistematizado**, estabelecido através das relações pedagógicas edificadas pelos professores, que garantam o acesso a níveis culturais mais elevados.

O plano do professor deve ser elaborado com práticas que valorizem o cotidiano das crianças, sem prejuízo dos conhecimentos universais, sempre considerando o lúdico como eixo norteador do planejamento, valorizando as etapas de construção, do desenvolvimento intelectual, tendo acesso a atividades que compreendam seu cotidiano, com práticas historicamente construídas.

Piaget (2003) concebe o desenvolvimento psicológico como fruto de um processo espontâneo e o conhecimento como resultado da ação coordenada que permite assimilar o real às estruturas de transformação.

Para que as práticas educativas se concretizem, o professor deve ter um olhar atento, mas, ao mesmo tempo, indireto. A escola precisa estar organizada de forma a tornar o tempo, os espaços, os materiais e seus ambientes favoráveis, pois serão vivenciados pela criança durante a sua infância. Essas adequações

darão segurança para criança empreender e conhecer novos contextos. Neste sentido, o professor deve **priorizar** as atividades de aprendizagem que privilegiem os aspectos ativos no seu processo de ensino.

As atitudes e os gestos do professor serão fundamentais para desenvolver na criança a confiança para fazer novas experimentações. Para que estes laços se fortaleçam, é necessário que o professor permaneça com esse grupo por um período determinado.

O trabalho a ser realizado pelo docente exige um compromisso ético e uma proposta educacional elaborada e pensada, não somente para cumprir prazos e tarefas, mas como comprometido com opções teóricas e ações.

O docente que pensa a ação educativa deve construir uma história com seu grupo, conhecer o seu contexto e ter domínio de diferentes instrumentos teóricos e pedagógicos. O professor deve elaborar o seu planejamento, pensando em ações que favoreçam a observação, o registro e a documentação para dar sustentação ao trabalho que irá realizar.

Vários autores vêm **corroborando** com a ideia de que os registros e documentos elaborados pelos professores em relação ao trabalho desenvolvido em instituições escolares tornam-se construções históricas e estilos de aprender, pensar e agir em nossa sociedade.

As práticas educativas, assim como as alternativas pedagógicas, devem ter uma intencionalidade, serem planejadas e avaliadas de forma contínua, sempre pen-

sando o cotidiano, considerando a criança em suas dimensões motoras, afetivas, cognitivas, linguísticas, éticas, estéticas e socioculturais, como um ser integral e indivisível, considerando suas experiências pessoais, que devem ser incorporadas às aprendizagens que assegurem seu crescimento educacional (DCNEI, 2009).

Dentro das práticas educativas, a observação, a escuta, o registro, as memórias e a documentação devem fazer parte do planejamento do professor. Observando a criança, ele treina o seu olhar para as formas como as crianças aprendem e cria situações para planejar o cotidiano, buscando atividades significativas.

Através da escuta, o educador é capaz de notar anseios mais subjetivos dos alunos como o sentir, o pensar, o desejar e o planejar ou registro, as memórias, as documentações e outras ações que devem ser desenvolvidas nas práticas pedagógicas. Através dos registros, os professores podem refletir sobre suas ações e modificar o seu planejamento.

O professor deve providenciar quanto ao pensar, propor e planejar, tanto as práticas educativas, como também as alternativas pedagógicas, com ações que se encontram introduzidas nos afazeres dos professores.

Logo no início do ano letivo, o professor deve pensar sobre o trabalho que irá realizar com as crianças durante os encontros com seus pares, propor as ações de atividades e, depois, planejar o trabalho que irá desenvolver de acordo com o conhecimento do grupo e, também, rever o seu planejamento conforme as necessidades pessoais e pedagógicas dos educandos.

O professor precisa buscar, cada vez mais, aproximar o seu planejamento da realidade das crianças, sempre considerando seu desenvolvimento pedagógico de acordo com sua faixa etária e com seu desenvolvimento **psicopedagógico**.

É importante que as crianças em contato com espaços fora de seu referencial familiar ampliem seu espaço cultural através de alternativas pedagógicas como a participação em passeios a lugares como parques, museus, cinemas, teatros, musicais e, principalmente, locais que favoreçam a leitura, como as bibliotecas.

A decisão de colocar essas crianças em contato com novos contextos deve sempre ser pensada com base em suas preferências e singularidades e suas formas de fazer na escola e na comunidade. É deixar de enxergá-la como um receptor, mas como um produtor de sua própria história.

As práticas devem privilegiar a realização de projetos, os temas devem ser sempre sistematizados, e os conhecimentos devem ser construídos com as crianças de forma lúdica e prazerosa, considerando o seu processo de interação alicerçado na escuta, no diálogo e na negociação, com sua diversidade e seu pertencimento. Outro item que deve fazer parte do planejamento e das práticas pedagógicas

do professor é o processo de acompanhamento e avaliação das atividades desenvolvidas pelas crianças: a avaliação não pode ter caráter classificatório.

De acordo com a LDBEN, a avaliação das crianças da educação infantil não será classificatória nem poderá dar margem à exclusão, mas será efetivada através de acompanhamento contínuo das atividades desenvolvidas.

A avaliação deve ter como parâmetro as observações e registros, e não centrar em aspectos individuais, mas em produções coletivas que façam o professor pensar sobre os processos de construção das aprendizagens das crianças e, também, sobre como repensar o seu planejamento e as ações realizadas pela escola, em colaboração com pais e comunidade.

A avaliação do processo de ensino e aprendizagem tem sido um grande desafio, sendo amplamente discutida nas unidades de ensino que atendem a educação infantil. Nos últimos anos, busca-se, constantemente, redefinir o papel da avaliação e sua **função social**. A LDBEN, quando se refere à educação infantil, no artigo 31, recomenda que:

> "(...) a avaliação far-se-á mediante o acompanhamento e registro do seu desenvolvimento, sem o objetivo de promoção, mesmo para o acesso ao ensino fundamental."

Em relação a isso, o parecer do CNE/CEB n. 20/2009 reforça que:

> "A avaliação, conforme estabelecido na Lei n. 9.394/96, deve ter a finalidade de acompanhar e repensar o trabalho realizado. (...) Todos os esforços devem convergir para a estruturação de condições que melhor contribuam para a aprendizagem e desenvolvimento da criança sem desligá-las de seus grupos de amizade." (BRASIL, 2009)

Assim, o professor deve ter claro que a avaliação faz parte do processo de aprendizagem, sendo essencial que se conheça cada criança. Assim, ele poderá construir e reconstruir caminhos para que todos alcancem os objetivos educacionais.

A avaliação não pode ser baseada em julgamentos, pois seria uma forma de classificar e "condenar" os educandos, não levando em conta os acontecimentos que acompanham todo o cotidiano educacional em questão.

Portanto, ao avaliar, temos que ter clareza dos princípios de avaliação que devem partir de uma concepção de pedagogia histórico-crítica, visando a compreensão da realidade, dando prioridade à educação como instrumento de transformação e de formação para a cidadania.

A prática de avaliação deve ser, nesse sentido, diagnóstica, independente e implicar uma tomada de decisão no âmbito pedagógico.

Gasparin (2003) esclarece que a avaliação segue todo o processo didático pedagógico para a construção do conhecimento científico, desde o levantamento dos saberes prévios dos educandos até o momento da prática social final, em que os educandos desenvolvem uma nova maneira de compreender a realidade e se disporem dela.

Para tanto, após a fase de disposição dos instrumentos teóricos e práticos para a compreensão e solução, avaliam-se se os procedimentos empregados que realmente criaram uma nova postura mental nos educandos (catarse), para que se possa viabilizar a transformação da prática social.

Com base nisso, ao se trabalhar com os Projetos Pedagógicos na educação infantil, o professor avaliará todos os passos, desde o levantamento de questões para elaborar a problemática, tendo um olhar crítico para as propostas desenvolvidas, até o momento da culminância do projeto.

Nessa expectativa, ao avaliar, deve-se visar o desenvolvimento integral e a construção da autonomia, a consciência crítica, a capacidade de ação e reação da criança, sendo um meio pelo qual o professor poderá considerar a prática pedagógica para estimar o que foi aprendido.

A avaliação se estabelece em um conjunto de ações que permitem determinar critérios para esquematizar atividades e indicar situações que proporcionem aprendizagem. Assim, é função da equipe pedagógica acompanhar, orientar, regular e direcionar o processo educativo, pensando, inclusive, na passagem do educando da educação infantil para o ensino fundamental.

É indispensável que o registro das avaliações, feito pelo professor e deferido pelo coordenador e direção (se for o caso), o acompanhe em todo o seu processo educativo, não apenas ao longo do ano letivo, mas, também, ao mudar de turma ou de unidade de ensino.

Deve-se atentar, sempre, às cinco formas de avaliação:

- Diagnóstica: tem a função de diagnóstico, caracterizada pela realização de uma investigação do que as crianças sabem, quais dificuldades enfrentadas e porquê, sendo um instrumento para captação do processo de aprendizagem e grau de desenvolvimento do aluno. Exige reflexão constante, crítica participativa, na qual o professor precisa situar um vínculo afetivo com a criança, aceitando-a em sua individualidade, identificando suas potencialidades e desafios a serem superados;

- Contínua: orienta todas as ações, pois acontece no processo educativo, por meio do acompanhamento da aprendizagem, identificando as conquistas, desafios, dificuldades e o desenvolvimento real da criança, oferecendo-lhe novas oportunidades de aprendizagem, por intermédio e interferência do professor, que deverá assumir o compromisso de elaborar novas estratégias pedagógicas que contribuam para o sucesso do educando;

- Formativa: aponta a formação integral, construção de valores e princípios de autonomia, colaborando na formação de um sujeito consciente, responsável e solidário. Nessa forma de avaliação, a grande apreensão seria formar melhor, ao invés de medir ou julgar. É de extrema importância que o professor, ao realizar seu planejamento, conjecture sobre seu grupo e suas crianças, considerando o desenvolvimento cognitivo e afetivo da faixa etária, além de considerar características culturais e individuais que as crianças socializam no espaço coletivo;

- Cumulativa: conjunto de avaliações realizadas no decorrer do trimestre, de forma contínua e progressiva, com variáveis ferramentas e procedimentos, em contínuos momentos de aprendizagem e de recuperação da aprendizagem, retomando constantemente as habilidades essenciais no desenvolvimento da criança de acordo com a faixa etária, ampliando a capacidade de pensamento, linguagem e análise da realidade;

- Diversificada: parte da análise dos vários instrumentos usados para avaliar as diferentes situações de aprendizagem. Avalia também o desenvolvimento do educando nas dimensões cognitiva, afetiva, psicomotora e organizacional. Observações e registros realizados por escrito e também por meio de gravações de vídeo, áudio e fotografias servirão como instrumento de apoio e avaliação da prática educativa. Assim, o professor pode contextualizar os processos de aprendizagem, os intercâmbios com outras crianças, funcionários, espaço escolar e o processo de desenvolvimento do próprio educando.

Finalmente, o conhecimento na educação infantil deve priorizar, de forma lógica, a problematização e reelaboração constante, sob uma perspectiva vygotskyana, na qual a aprendizagem estabelece suporte para todo o desenvolvimento que, por sua vez, situa suporte para novas aprendizagens. Deve ser formalizada por meio de um parecer descritivo, o qual traz conhecimentos individuais de cada criança sobre o seu desenvolvimento e sua aprendizagem.

PARA SABER MAIS! Vygotskyana é um termo que se refere à Vygotsky, Lev Semenovitch Vygotsky (Orsha, 17 de novembro de 1896 – Moscou, 11 de junho de 1934). Ele foi um cientista bielorrusso, pensador importante em sua área e época, pioneiro no conceito de que o desenvolvimento intelectual das crianças ocorre em função das suas interações sociais e condições de vida.

2. Pedagogia de projetos na educação infantil

A atual conjuntura econômica, política e social vem determinando alterações educacionais que levam a criança a entender o conhecimento de uma maneira crítica, consciente e reflexiva, a ter a capacidade de reconhecer-se e relacionar--se com os outros.

À instituição de ensino de educação infantil compete a função de ser intermediária desta função. Tendo em vista que convivemos com uma geração que descobre, a cada instante, conhecimentos e transformações numa velocidade espantosa, sendo as nossas crianças parte integrante e principal deste novo paradigma de sociedade.

Nessa expectativa, é essencial que, desde a educação infantil, busquem-se táticas que colaborem para a formação de um cidadão autônomo, comprometido, crítico e participativo, e isso se tornará possível por meio da Pedagogia de Projetos, pela qual as crianças aprendem o processo de produção, levantamento de dúvidas, pesquisas, criação de relações, que incentivarão novas buscas, descobertas, captações e reconstruções de conhecimento.

Portanto, o papel do educador deixa de ser apenas o de quem ensina para criar situações de aprendizagem, com incidência direta sobre as relações que se constituem no processo.

A Pedagogia de Projetos é um processo criativo e envolvente, que busca valorizar a curiosidade, exploração, encantamento, questionamento e a espontaneidade infantil. Tudo se torna imaginável por meio das relações interpessoais que acontecem. São incontáveis as trocas de experiências entre educandos, educadores e demais profissionais envolvidos no projeto.

É uma proposta que traz uma nova atitude sobre o pensamento e a edificação do conhecimento na educação infantil, colaborando na aprendizagem e desenvolvimento do educando de forma expressiva, estabelecendo princípios de autonomia, estimulando os vários níveis de capacidade já existentes, sendo que não torna possível separar os aspectos cognitivos, emocionais, psicomotores e sociais, essenciais no desenvolvimento infantil.

Através dessa pedagogia, é possível estabelecer uma aprendizagem abrangente, constituindo afinidades com vastas redes de conhecimento, cujo aprendizado está relacionado com os quatro pilares da educação citados pela UNESCO, ou seja, aprender a ser, a conhecer, a fazer e a conviver.

*P*ARA SABER MAIS! UNESCO é a sigla da Organização das Nações Unidas para a Educação, a Ciência e a Cultura (acrônimo de United Nations Educational, Scientific and Cultural Organization). Ela foi fundada em 16 de novembro de 1945, com o objetivo de contribuir para a paz e a segurança no mundo mediante a educação, a ciência, a cultura e as comunicações.*

Aprender a ser: desenvolve a personalidade atuando com maior capacidade de autonomia, discernimento e responsabilidade pessoal, pelos potenciais relacionados à comunicação, capacidade física, memória, raciocínio, senso estético, tendo intensa relação com as atitudes.

Aprender a conhecer: relacionado com os conceitos, fatos da cultura geral e a possibilidade de trabalhar com profundidade um determinado tema para resolução de certo problema, relacionando-se com diferentes áreas do conhecimento.

Aprender a fazer: relacionado com os teores procedimentais, com intuito de ampliar certas capacidades e habilidades que fazem com que a criança vivencie situações de aprendizagem tanto individual, como coletivamente.

Aprender a conviver: relacionado com a solidariedade, compreensão e percepção das necessidades do outro, com bom convívio com as demais pessoas, beneficiando, por ações rotineiras, que todos defendam ideias próprias, optem por suas ações com autonomia e responsabilidade, tornem-se curiosos e, sobretudo, deem valor às várias maneiras que os outros têm de aprender.

Em 1999, a UNESCO solicitou ao filósofo Edgar Morin a sistematização de um conjunto de reflexões que servissem como ponto de partida para se repensar a educação do século XXI.

PARA SABER MAIS! Edgar Morin, pseudônimo de Edgar Nahoum (Paris, 8 de Julho de 1921), é um antropólogo, sociólogo e filósofo francês e judeu de origem sefardita. Pesquisador emérito do CNRS (Centre National de la Recherche Scientifique). Formado em Direito, História e Geografia, realizou estudos em Filosofia, Sociologia e Epistemologia. É um dos maiores expoentes da cultura francesa no século XX.

Os sete saberes indispensáveis necessários para a educação do futuro, pronunciados por Morin, são:

- as cegueiras do conhecimento: o erro e a ilusão;
- os princípios do conhecimento pertinente;
- ensinar a condição humana;
- ensinar a identidade terrena;
- enfrentar as incertezas;
- ensinar a compreensão;
- a ética do gênero humano.

A pedagogia de projetos traz a possibilidade de desenvolver o conhecimento das crianças em relação ao mundo físico e social, ao tempo e à natureza. Também traz a possibilidade de adequar a ela situações que promovam o cuidado, a interação, a preservação e o conhecimento da biodiversidade e da sustentabilidade da vida na Terra, assim como o não desperdício dos recursos naturais.

3. Modelo de projeto de trabalho

A partir do trabalho com projetos, a criança se tornará mais interessada, aprenderá a discutir, expor suas dúvidas, estabelecer significados a partir da troca de ideias, obtendo capacidade de interpretação, individual e coletiva, alcançando senso de responsabilidade e criando histórias. Será capaz de contar sobre o que aprendeu e reproduzir o que viu, vindo a ser astro da aprendizagem, de seu crescimento e de seu desenvolvimento.

MODELO de Projeto "Reciclagem De Papel"

Duração: 1 semestre.

Faixa etária: 5 anos.

Justificativa

Ao observarmos a quantidade de lixo que produzimos, fez-se necessário rever o conceito de lixo. Como produzimos muito lixo de papel, focaremos aí o nosso projeto.

Objetivo

Diminuir a quantidade de lixo produzido, atentando para o desperdício de recursos naturais.

Etapas previstas

Leitura do livro "A incrível história do mundo que ia morrer", compartilhando o projeto com as crianças;

Pesquisa com as crianças e com as famílias sobre o que é jogado no lixo;

Vídeo "A Turminha da Reciclagem" e outros sobre o tema;

Diferenciação de lixo orgânico e não orgânico;

Mostrar a diferença entre reutilizar e reciclar;

Classificação em plásticos, metais, vidros e papéis, além de suas respectivas cores;

Confecção de caixas para os papéis que serão reciclados;

Pesquisas sobre a reciclagem de papel;

Registros das descobertas com textos coletivos, cartazes, entre outros; Reciclagem do papel.

Produto final: Utilização do papel reciclado pelas crianças.

4. Projeto Político Pedagógico para educação infantil

Na educação infantil, busca-se a integração da criança através do desenvolvimento dos aspectos biológicos, psicológicos, intelectuais e socioculturais, preparando-a para a continuidade do processo educacion-al, em termos de Ensino Fundamental.

Considerando a LDBEN e o ECA, a escola se propõe a um trabalho baseado nas diferenças individuais e na consideração das peculiaridades das crianças na faixa etária atendida pela escola de educação infantil.

Também denominado de Proposta Pedagógica, é a síntese dos princípios, diretrizes e prioridades estabelecidas pela equipe escolar a partir dos objetivos educacionais e da definição dos resultados a serem atingidos, sempre voltados para a melhoria da aprendizagem dos alunos e do desempenho da escola. Deve ser elaborado a partir das informações obtidas junto à comunidade e à própria escola (direção, professores, pais, alunos e funcionários).

Os objetivos e metas do Projeto Político Pedagógico (PPP) devem ser elaborados a partir das necessidades, limitações, expectativas e potencialidades da comunidade, dos alunos e de toda a equipe escolar, levando em conta os recursos pedagógicos e materiais existentes na escola.

Deve conter (no mínimo) as seguintes informações:

- competências e habilidades que os alunos precisam desenvolver;
- conceitos integradores e significativos;
- contextos significativos;
- informações e conhecimentos tanto dos alunos quanto dos professores;
- materiais e procedimentos a serem utilizados;
- organização do espaço e as relações na sala de aula;
- relações interpessoais;
- organização do tempo;
- projetos a serem desenvolvidos.

Embora as crianças desenvolvam suas capacidades de maneira heterogênea, a educação tem por função criar condições para o desenvolvimento integral de todas as crianças, considerando, também, as possibilidades de aprendizagem que apresentam nas diferentes faixas etárias, através de uma atuação que propicia o desenvolvimento de capacidades, envolvendo as de ordem afetiva, cognitiva, ética, estética, física, de relação interpessoal e de inclusão social.

Modelo de Projeto Político Pedagógico

1. Identificação da Instituição

Nome da escola

Endereço da escola

Telefone

CNPJ

2. Turmas

- Maternal

A idade para este curso estende-se de 18 (dezoito) meses a 3 anos e 6 meses.

Nessa fase, visamos explorar atividades que desenvolvam a criança fisicamente, socialmente e psicologicamente, estimulamos a linguagem oral através de histórias, dramatização e brincadeiras, respeitando as diferenças individuais de cada um.

- Jardim I

A idade para este curso estende-se de 3 anos e 7 meses a 4 anos e 6 meses.

Nessa fase, visamos o desenvolvimento da criança nos principais conceitos básicos do esquema corporal, orientação espacial, organização temporal, ritmo, coordenação viso-motor, além de buscarmos o desenvolvimento da linguagem como forma de comunicação.

- Jardim II

A idade para este curso estende-se de 4 anos e 7 meses a 5 anos e 6 meses.

Nessa fase, visamos o desenvolvimento integral da criança, através de uma evolução harmoniosa nos aspectos biológicos, físico-motor, cognitivo e afetivo-emocional, dando realce à coordenação motora e ao preparo para a escrita.

- Pré-escola

A idade para este curso estende-se de 5 anos e 7 meses a 5 anos e 11 meses.

Nessa fase, visamos o desenvolvimento integral da criança nos aspectos biológicos, psicológicos e cognitivos. Enfatizamos a coordenação motora escrita, a alfabetização da criança através da construção da língua escrita, relacionando letras e sons, discriminando e visualizando as famílias silábicas. Visamos ainda o desenvolvimento do raciocínio lógico matemático e o domínio das quantidades numéricas.

3. Turnos de Funcionamento

Manhã: das 8h às 12h

Tarde: das 13h às 17h

5. Caracterização da comunidade

A comunidade é composta por famílias de classe média e classe média baixa, a maioria dos pais possuem ensino médio completo.

Nas redondezas da escola, há rede de água e esgoto, luz elétrica, calçamento e asfalto em vias públicas, ônibus, comércio (padaria, açougue, farmácia, pet shop, lanchonete etc.). Há também um parque da Prefeitura chamado "Parque Escola", que fica bem próximo à escola e dá grandes oportunidades à população de participar de cursos (dobraduras, ikebana, mosaicos, orquidário etc...), projetos culturais e sociais.

PARA SABER MAIS! O Projeto Parque Escola teve início em 1997. Focado em oferecer educação inclusiva enfatizando o meio ambiente como um dos principais recursos do processo de construção do conhecimento, o objetivo do espaço é sensibilizar as crianças, professores, diretores e funcionários etc., para as questões ambientais e de ciências naturais, estimulando a participação dos conselhos de escola, dos pais e da comunidade a partir de oportunidades reais na construção e ampliação do conhecimento através do estudo do meio. Seus 50 mil m² oferecem recursos pedagógicos para estimular e despertar a curiosidade sobre a temática ambiental, a botânica, a arte e o reaproveitamento de materiais, bem como a valorização do convívio social e as práticas educacionais.

Nível de escolaridade dos pais

50%	Ensino médio completo
20%	Ensino superior incompleto
30%	Ensino superior completo

Faixa Salarial dos pais

30%	4-5 salários mínimos
45%	3 salários mínimos
25%	2 salários mínimos

Local de procedência dos pais

34%	Região Sudeste
21%	Região Sul
23%	Região Nordeste
12%	Região Norte
10%	Região Centro-Oeste

As crianças do bairro têm maior acesso a praças e áreas públicas do que a teatros, cinemas e outras atividades culturais, pois dependem das excursões organizadas pela escola, algumas por falta de tempo dos pais, outras, devido à sua condição financeira.

As crianças que possuem melhores condições financeiras frequentam *shoppings*, cinemas, clubes e *fast-foods*.

6. A escola

O terreno mede 1.000 m² e tem 630 m² de área construída (administração, salas de aula, ala de leitura, sala de áudiovisual). O restante é destinado ao pátio, pomar e área de lazer (quadra, caixa de areia e *playground*).

Como o prédio é novo, as construções apresentam-se em perfeitas condições de uso, tanto interna, quanto externamente.

Possui televisores, aparelhos de som, *DVD player*, computadores, jogos de encaixe, livros, gibis e demais materiais que estimulam o aprendizado, sendo que as salas de aula são espaçosorganizados pelos alunos, retratando o que estão aprendendo.

Organização funcional

QUADRO DE FUNCIONÁRIOS		
Função	*Nome*	*Escolaridade*
Diretora	Helena Andrade	Pós-graduada em Pedagogia e Administração
Coordenadora pedagógica	Juliana Silva	Pós-graduada em Pedagogia
Secretária	Regina Almeida	Bacharel em Pedagogia
Psicóloga	Fabiana Maira	Pós-graduada em Psicologia
Professora	Fernanda Maya	Bacharel em Pedagogia
Professora	Patricia Alcântara	Bacharel em Pedagogia
Professora	Tereza Souza	Bacharel em Pedagogia
Professora	Clarice Rodrigues	Bacharel em Pedagogia
Estagiária	Soraia Lima	Estudante de Pedagogia
Cozinheira	Beatriz Araújo	Fundamental completo
Servente	Laura Mendes	Fundamental completo

Normas básicas de funcionamento

Horário de funcionamento

Das 7h30 às 17h30

Nível	Manhã n. de turmas	Tarde n. de turmas
Maternal	01	01
Jardim I	01	01
Jardim II	01	01
Pré-Escola	01	01

7. Metas a atingir

Administrativas: ampliar a reflexão dos professores acerca do desenvolvimento infantil, considerando estas reflexões em suas propostas e intervenções; discutir e refletir sobre cuidar e educar.

Cognitivas: as crianças, embora numa mesma faixa etária, entram na escola com experiências emocionais, físicas, intelectuais e sociais muito distintas e a tentativa de padronização só tende a discriminar os "diferentes". Portanto, buscamos favorecer a construção cooperativa do conhecimento e valorizarmos a diversidade como forma de garantir a interação social, a troca, o confronto de ideias e o conflito cognitivo.

8. Metodologia

Leitura, escrita e oralidade: propor situações em que a criança entre em contato com diferentes textos em situações de uso social real, favorecendo a compreensão de seu significado, permitindo momento de leitura compartilhada, além de fazer que as crianças utilizem diferentes textos (informativos, instrucionais, poéticos, literários etc.), criando, assim, situações desafiadoras de leitura;

- o trabalho em grupo permite a troca de informações e a socialização de descobertas individuais, criando momentos em que as crianças compartilham suas descobertas com os demais. O trabalho com listas, dramatização e rodas de conversa enriquece o processo de alfabetização;

- criar situações em que as crianças sintam necessidade de registrar, tendo como apoio a memória e possam escrever e exteriorizar suas lembranças;

- elaborar histórias e dramatizações em grupo, discutindo o que, para que, e depois contar para o professor, construindo um "acervo de textos" produzidos pelo grupo;

- o professor deve propor atividades de escrita que façam sentido para as crianças, onde elas saibam para que e para quem escrevem;
- aproveitar as oportunidades que surgem para dar a palavra à criança e estimulá-la a fazer uso dela, preservando a naturalidade de falar e escutar;
- trabalhar com gêneros com características orais, como poesias, lendas, parlendas, adivinhas, contos, para que possam ouvir, declamar, recitar, questionar, trabalhar entonações, pausas, rimas etc.;
- pensar em diferentes interlocutores como novos modelos de fala.

Matemática: realizar formas diversificadas de contagem com as crianças - recitação em brincadeiras, jogos e cantigas que incluam formas de contagem;

- elaborar situações em que a criança possa contar diferentes objetos e coleções, comparando diferentes quantidades;
- elaborar situações nas quais as crianças possam contar agrupando (2 em 2, 3 em 3 etc.);
- utilizar as coleções como forma de contagem dos números grandes;
- elaborar situações de aprendizagem em que a criança necessite escrever números e anotar quantidades;
- garantir a interação com a numeração da escrita convencional através do uso de portadores numéricos, placas de carro, número de telefone, de residências e outros;
- criar situações em que a criança possa investigar as regras e regularidades do sistema numérico, montando tabelas com informações numéricas de cada membro do grupo, montando coleções, investigando nos livros as páginas e seus números (qual vem antes e qual vem depois);
- garantir que as crianças possam dividir, somar e distribuir materiais;
- criar situações contextualizadas em que as crianças tenham problemas matemáticos a resolver e não simplesmente contas isoladas;
- comparar as estratégias das crianças e validá-las no grupo;
- partir de práticas sociais para que a criança possa ampliar, aprofundar e construir novos conhecimentos, por exemplo: atividades de culinária;
- planejar atividades que permitam à criança comparar comprimentos, pesos, marcação do tempo etc.;
- trabalhar com formas geométricas por meio da observação de obras de arte, de artesanato, de construção de arquitetura, pisos, mosaicos, formas encontradas na natureza (flores, folhas etc.).

Natureza e sociedade: dar espaço para o desenvolvimento da curiosidade e da capacidade de observação das crianças, organizando e propondo atividades de observação da natureza que as rodeia, propondo perguntas que ensejem dúvidas nas crianças;

- considerar as hipóteses que as crianças formulam para explicar os fatos observados;
- analisar a experiência da criança e integrá-la ao conteúdo das atividades;
- organizar o espaço de modo a privilegiar a independência da criança no acesso e manipulação de materiais disponíveis ao trabalho;
- dar oportunidade para que as crianças possam observar e descrever espaços desenhados.

Artes e música: proporcionar momentos em que a criança desenhe sem intervenções diretas, explorando materiais e utilizando suportes de diferentes tamanhos e texturas, como papéis, cartolinas, lixa, areia e outros;

- ajustar que as crianças façam o mesmo desenho em escala maior ou menor, possibilitando que ela reflita sobre o desenho e organize de maneira diferente os pontos, traçados e espaços do papel;
- disponibilizar materiais, meios e suportes criando condições para que cada criança crie seu percurso artístico;
- utilizar o registro de observação a fim de conhecer mais sobre as produções das crianças e assim poder intervir;
- organizar a rotina de forma a garantir atividades de proposta para os alunos;
- trabalhar diferentes tipos de música (erudita, popular, cancioneiro popular etc.), ampliando seu repertório;
- apresentar diferentes instrumentos musicais para conhecimento e exploração destes;
- confeccionar instrumentos musicais com sucata.

9. Atividades

Sequência de atividades: o objetivo é o desenvolvimento de conteúdos de forma a aprofundá-los, contemplando as áreas de conhecimento não trabalhadas em projetos, em atividades mais dirigidas pelo educador.

Atividades permanentes – Rotina: a organização da rotina das turmas é um elemento do processo educativo, buscamos organizar o trabalho didático e os espaços de forma a garantir a autonomia das crianças e o respeito aos ritmos de cada um.

Ao explicitarmos a rotina do dia a dia para as crianças, permitimos que elas também se organizem para as diferentes atividades.

As atividades da rotina da escola acontecem diariamente, no começo ou no final do período. São propostas atividades diferentes, geralmente contemplando as áreas de conhecimento, através da livre escolha pela criança. Essas atividades desenvolvem a autonomia, além de possibilitar ao professor momentos de diagnóstico dos avanços e dificuldades dos alunos e intervenções planejadas.

São elas:

Entrada coletiva: essa atividade tem por objetivo integrar todas as turmas. As crianças ouvem histórias, músicas, teatro e realizam atividades coletivas (danças, dramatizações, ginástica e brincadeiras) e, ao final, elas cantam o Hino Nacional Brasileiro.

Lanche tipo *self-service*: o objetivo é desenvolver a autonomia, a possibilidade de escolha e organização das crianças, eliminando a rigidez, construindo a norma de respeito pelo espaço do outro.

Rodas de conversa: essa atividade é realizada diariamente. São momentos planejados pelo professor que visam garantir a livre expressão da criança, a argumentação e o questionamento;

Hora da história: a leitura compartilhada é uma atividade diária na rotina, feita pelo professor. Pode ocorrer na sala de aula ou em outros espaços da escola.

Torna-se tarefa principal da escola de educação infantil a difusão de conteúdos vivos e concretos, portanto, indissociáveis da realidade social. A condição para que a escola sirva aos interesses sociais é garantir a todos um bom ensino, isto é, a assimilação dos conteúdos curriculares básicos que tenham ressonância na vida dos alunos.

Percebida nesse sentido, a educação é uma das interposições pela qual o aluno, através da intercessão do professor e por sua própria participação, passa de uma experiência inicialmente abstrusa e fragmentada a uma visão organizada e integrada.

Em resumo, o desempenho da escola consiste na preparação do aluno para o mundo e suas incoerências, dando-lhe ferramentas, através da conquista de conteúdos e da socialização, para uma participação organizada e ativa da democratização da sociedade.

Glossário – Unidade 4

Corroborar – comprovar, confirmar.

Ética – nome dado ao ramo da filosofia dedicado aos assuntos morais.

Especificidades – qualidade típica de uma espécie.

Função social (da escola) – incumbência da instituição de ensino em educar um indivíduo para que ele aprenda a conviver em sociedade, facilitando aos alunos o pleno entendimento sobre determinado assunto, permitindo que eles assimilem direta e criticamente suas atitudes dentro de uma comunidade.

FUNDEB – Fundo de Manutenção e Desenvolvimento da Educação Básica.

Midiático – acontecimento espontâneo ou planejado, que atrai a atenção de organizações de meios de comunicação, particularmente jornais, telejornais e jornais na internet.

Priorizar – dar prioridade, preferir.

Psicopedagógico – área do conhecimento que estuda como as pessoas constroem o conhecimento.

Sistematizado – reduzido a um sistema.

Sustentabilidade – conceito sistêmico; relacionado com a continuidade dos aspectos econômicos, sociais, culturais e ambientais da sociedade humana.

Referências

ALTHOFF, Rinaldi. *Dimensionando o espaço da família no âmbito do público e do privado*. 1996. Disponível em: <http://ojs.c3sl.ufpr.br/ojs/index.php/cogitare/article/view/8735/6056>. Acesso em: 26 fev. 2015.

ARIES, P. *História social da criança e da família*. 2. ed. Rio de Janeiro: Guanabara, 1981.

ARROYO, Miguel González. *Imagens quebradas*: trajetórias e tempos de alunos e mestres. Petrópolis: Vozes, 2004.

BAHIA, C. C. S. *O pensar e o fazer na creche*: um estudo a partir de crenças de mães e professoras. Belém, Biblioteca de Pós-Graduação do IFCH/UFPA, jun. 2008.

BARBOSA, M. C. S. *Práticas cotidianas na educação infantil* - Bases para a reflexão sobre as orientações curriculares. Brasília: Ministério da Educação, 2009.

BORDENAVE, Juan E. Diaz. *O que é participação*. 7. ed. São Paulo: Brasiliense, 1994. (Coleção Primeiros Passos.)

BRASIL. *Constituição da República Federativa do Brasil de 1988*. Brasília, 1998. Disponível em: <http://www.planalto.gov.br/ccivil_03/constituicao/constituicaocompilado.htm>. Acesso em: 25 fev. 2015.

BRASIL. *Diretrizes Curriculares Nacionais para a Formação de Professores da Educação Básica*, em nível superior, curso de licenciatura, de graduação plena. Ministério de Educação e do Desporto. Conselho Nacional de Educação. Brasília: MEC/CNE, 2001.

BRASIL. *Lei n. 8.069, de 13 de julho de 1990*. Dispõe sobre o Estatuto da Criança e do Adolescente e dá outras providências. Brasília, 1990. Disponível em: <http://www.planalto.gov.br/ccivil_03/leis/l8069.htm>. Acesso em: 25 fev. 2015.

BRASIL. *Lei n. 9.394, de 20 de dezembro de 1996*. Lei de Diretrizes e Bases da Educação Nacional. Ministério da Educação. Brasília, 1996. Disponível em: <http://www.planalto.gov.br/ccivil_03/leis/l9394.htm>. Acesso em: 25 fev. 2015.

BRASIL. *Lei n. 11.274, de 6 de fevereiro de 2006*. Altera a redação dos arts. 29, 30, 32 e 87 da Lei n. 9.394/96, dispondo sobre a duração mínima de 9 (nove) anos para o ensino fundamental, com matrícula obrigatória a partir dos 6 (seis) anos de idade. Brasília: Ministério da Educação, 2006.

BRASIL. *Parâmetros básicos de infraestrutura para instituições de educação infantil*. Secretaria de Educação Básica. Brasília: Ministério da Educação, 2006.

BRASIL. *Proposta Pedagógica e Currículo de educação infantil*: um diagnóstico e a construção de uma metodologia de análise. Ministério da Educação e do Desporto. Secretaria de Educação Fundamental. Departamento de Políticas

Educacionais. Coordenação Geral de educação infantil. Brasília: Ministério da Educação, 1996.

BRASIL. *Referencial Curricular Nacional para a Educação Infantil.* Ministério da Educação. Secretaria de Educação Fundamental. Brasília: Ministério da Educação, 1998.

BRASIL. *Referenciais para a formação de professores.* Ministério de Educação e do Desporto. Secretaria de Educação Fundamental. Brasília: Ministério da Educação, 1999.

BRASIL. *Resolução CNE/CEB n. 5, de 17 de dezembro de 2009.* Fixa as Diretrizes Curriculares Nacionais para a Educação Infantil. Brasília: Ministério da Educação, 2009. Disponível em: <http://portal.mec.gov.br/index.php>. Acesso em: 26 fev. 2015;

BRASIL. *Revisão das Diretrizes Curriculares Nacionais para a educação infantil.* Parecer n. 20/2009. Ministério da Educação. Conselho Nacional de Educação. Brasília: Ministério da Educação, 2009.

BRUNER, J. *Atos de significação.* Porto Alegre: Artes Médicas, 1997.

CAMARGO, P. *Desencontros entre Arquitetura e Pedagogia.* Revista Pátio Educação Infantil, Porto Alegre, ano VI, n. 18, p. 44-47, nov. 2008.

CARVALHO, M. C. *Por que as crianças gostam de áreas fechadas?* In: FERREIRA; ROSSETTI et al. (Orgs.). Os fazeres na educação infantil. 9. ed. São Paulo: Cortez, 2007.

CARVALHO, M. C. de; RUBIANO, Márcia R. B. *Organização dos espaços em instituições pré-escolares.* In: OLIVEIRA, Zilma Morais. (Org.). Educação infantil: muitos olhares. 5. ed. São Paulo: Cortez, 2010.

CHAUÍ, Marilena. *A universidade pública sob nova perspectiva.* 26ª Reunião Anual da ANPEd. Poços de Caldas, 5 de outubro de 2003.

DAVID, T. G., & WEINSTEIN, C. S. The built environment and children's development. In: C. S. Weinstein & T. G. David (Orgs.). Spaces for children: The built environment and child development. New York: Plenum. In: OLIVEIRA, Zilma de M. Ramos. *Educação infantil: muitos olhares.* 5. ed. São Paulo: Cortez, 2010.

DICKINSON, L. *Questões básicas em instrução própria.* Oxford: Cambridge University Press, 1991.

FORNEIRO, Lina Iglesias. *A organização dos espaços na educação infantil.* In: ZABALZA, Miguel Ángel. *Qualidade na educação infantil.* Porto Alegre: Artmed, 1998.

FOUCAULT, M. *O sujeito e o poder.* Rio de Janeiro: Forense Universitária, 1999. p. 231-249.

FREIRE, P. *Pedagogia do oprimido*. 17. ed. Rio de Janeiro: Paz e Terra, 1987.

_____. *Pedagogia da autonomia*: saberes necessários à prática educativa. 16. ed. São Paulo: Paz e Terra, 1996.

GASPARIN, J. L. *Uma didática para a pedagogia*. Histórica-Crítica. 3. ed. Campinas: Autores Associados, 2003.

GAUCHE, R. *Contribuição para uma análise psicológica do processo de constituição da autonomia do professor*. Tese (Doutorado em Psicologia). Instituto de Psicologia, UnB, Brasília, 2001.

GAUCHE, R.; TUNES, E. Ética e autonomia – a visão de um professor do ensino médio. *Química nova na escola*, São Paulo, v. 15, p. 35-38, 2002.

KAMII, Constance. *A autonomia como finalidade da educação*: implicações da teoria de Piaget. In: A criança e o número. Campinas: Papirus, 1986.

KISHIMOTO, T. M. *O jogo e a educação infantil*. São Paulo: Pioneira, 1994.

MELLO, G. N. *Formação inicial de professores para a educação básica*: uma (re) visão radical. Documento principal, versão preliminar para discussão interna, p. 21, out./nov. 1999.

MORIN, Edgar. *Os sete saberes necessários à educação do futuro*. São Paulo: Cortez; Brasília: UNESCO, 2007. Disponível em: <http://www.conteudoescola. com.br/resenhas-resenha-os-sete-saberes-necessarios-a-educacao-do-futuro- -edgar-morin>. Acesso em: 12 mar. 2015.

OLIVEIRA, Zilma de M. Ramos. *Educação infantil: muitos olhares*. 5. ed. São Paulo: Cortez, 2010.

PAIVA, E. V. *A formação do professor crítico-reflexivo*. In: PAIVA, E. V. (Org.). Pesquisando a formação de professores. Rio de Janeiro: DP&A, 2003.

PENIN, S. *Cotidiano e escola*: a obra em construção. 2. ed. São Paulo: Cortez, 1995.

PIAGET J. *Epistemologia genética*. São Paulo: Martins Fontes, 1990.

PIAGET, J. *Psicologia e Pedagogia*. Trad. de D. A. Lindoso e R. M. R. da Silva. 9. ed. Rio de Janeiro: Forense Universitária, 2003.

RONCA, P.A.C. *A aula operatória e a construção do conhecimento*. São Paulo: Edisplan, 1989.

ROSSETTI-FERREIRA, M. C. et al. (Org.). *Os fazeres na educação infantil*. 9. ed. São Paulo: Cortez, 2007.

RUBIANO, Márcia R. Bonagamba; CARVALHO, Mara Ignez Campos de. *Organização do espaço em instituições pré-escolares*. In: OLIVEIRA, Zilma de Moraes Ramos de (Org.). *Educação infantil:* muitos olhares. São Paulo: Cortez, 2010.

SALVADOR, Cesar Coll. *Aprendizagem escolar e construção do conhecimento.* Porto Alegre: Artes Médicas. In: OLIVEIRA, Zilma de M. Ramos. Educação infantil: muitos olhares. 5. ed. São Paulo: Cortez, 2010.

SILVA, R. R. da; TUNES, E.; MÓL, G. de S.; SANTOS, W. L. P. dos; GAUCHE, R. *Integração da universidade com a escola fundamental e média e a educação continuada de professores.* Participação, Revista do Decanato de Extensão da Universidade de Brasília, n. 2, p. 53-58, dez/1997.

TUNES, E.; SILVA, R. R. da; CARNEIRO, M. H. da S.; BAPTISTA, J. A. *O professor de ciências e a atividade experimental.* Linhas Críticas, Brasília, v. 5, n. 1, p. 59-66, jul./dez., 1999.

VIÑAO FRAGO, Antonio; ESCOLANO, Agustín. *Currículo, espaço e subjetividade*: a arquitetura como programa. Rio de Janeiro: DP&A, 1998.

VYGOTSKY, L.S. *A formação social da mente.* São Paulo: Martins Fontes, 1989

VYGOTSKY, L. S. *Pensamento e linguagem.* 5. ed. Havana: Revolucionária, 1968.

Tania Maria de Almeida Buchwitz

Graduada em Pedagogia pela Faculdades Integradas Senador Fláquer (SP), tem pós-graduação na Linha de Políticas Públicas, em Violência Doméstica contra Crianças e Adolescentes pela Universidade de São Paulo (USP-SP) e especialização em Psicopedagogia pela Universidade Metodista de São Paulo (Umes). É diretora de escola estadual (Secretaria de Educação do Estado de São Paulo) e tem experiência na área de Educação, com ênfase em gestão, supervisão, administração escolar, conselho escolar, políticas públicas e rituais escolares.

Impresso por

www.metabrasil.com.br